Reprint Publishing

Für Menschen, Die Auf Originale Stehen.

www.reprintpublishing.com

CONSTANTIN SOMOFF

Die Herstellung dieses Buches erfolgte im Auftrage von JULIUS BARD in Berlin. Die Zeichnung des Einbandes und des Titelblattes sowie die Vignetten entwarf CONSTANTIN SOMOFF. Den Druck des Textes besorgte W. DRUGULIN in Leipzig, den der Tafeln H. S. HERMANN in Berlin. Das Buch erschien in einer Auflage von 550 numerierten Exemplaren, wovon die ersten fünfzig auf Van Gelder-Bütten — die Bilder auf Kaiserlich Japan — gedruckt und in Ganzpergament gebunden wurden. Exemplar Nr. 32

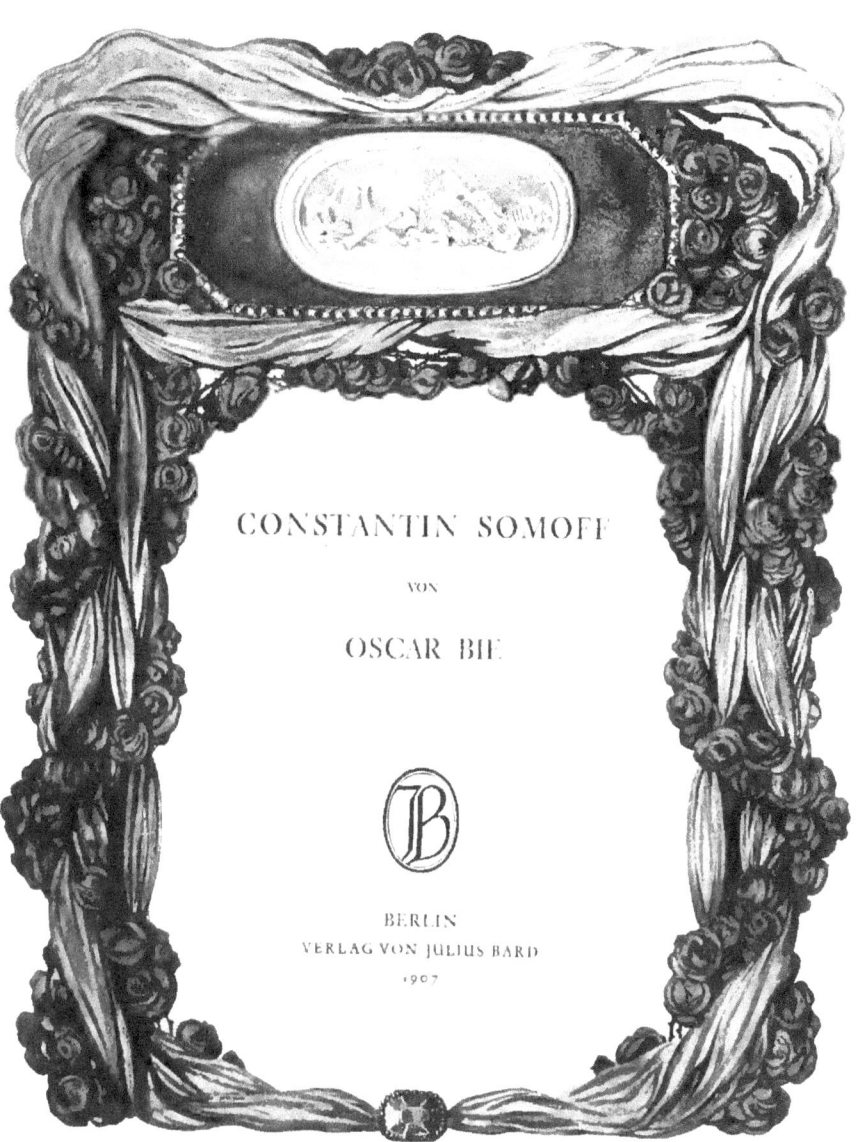

CONSTANTIN SOMOFF

Inmitten des unruhigen Lebens einer kräfteverschwendenden Kunst entschloß ich mich dieser Aufforderung, ein Charakterbild Somoffs zu verfassen, nachzugeben. Es ist Juni und eine unbestimmte Sehnsucht nach Erholung liegt im Herzen. Mögen andere Tage dem Kampf um die Zeit gehören, der Behauptung unserer blutigen Errungenschaften, der Deutung unserer animalischen Unverdorbenheiten, die den Glauben an eine Zukunft bestätigen müssen, — diese windstillen Stunden sollen einem Spaziergang gewidmet sein in heitere, abgeklärte, sorgenlose Bezirke der Kunst, in die wir mit dem Geiste reisen, ohne dem Körper Unbequemlichkeiten zu verursachen. Wir wollen im Grase liegen, die Wolken verfolgen und an einem ausgerissenen Halme kauen. Die Bahn der Gedanken soll frei sein und wir wollen auf den Dingen unsere ornamentalen Gelüste spielen lassen, wie wir mit dem Bleistift, in Sinnen versunken, auf einem weißen Blatt Papier ohne Willen und Vorstellung Kreise, Stengel, Kandelaber, Profile und Faltenröcke zeichnen.

Die Duma ist zum zweitenmal aufgelöst und die Regierung versucht, Staatsstreiche mit Staatsstreichen zu verhindern. Die Romantik eines Künstlers wird von diesen Wellen umspült, wie eine glückliche Insel, die zeitlos in der Zeit, raumlos im Raume liegt. Ob es Größe ist, ob es Schwäche ist, scheint heut nicht beantwortet werden zu können. Aber Güte ist es gegen die menschliche Natur, die nur selten aufgelegt ist, den politischen Sensationen nachzugehn und sich stärker, als man glaubt, einen privaten Zirkel von Erlebnissen bewahrt, der von den Kriegen der Parlamente und Zeitungen nicht berührt wird. Mitten in diesem Rußland sich Somoff zu denken, erscheint mir heut als eine Verheißung. Mitten in den furchtbaren Ideen einen Menschen. Was schiert mich die Zukunft des Zarenreiches? Die Sofalehne, über die der Künstler seinen Hemdsärmel hängen läßt, auf jenem Selbstporträt, das ihn lässig hingestreckt zeigt, in einer Intermezzostunde der Arbeit, sie ist mir innerlich soviel näher. Da mag er manchmal geruht und gedacht und phantasiert haben, vis à vis seiner Arbeit, in der Geburtsstunde neuer Pläne, bei sich selbst zu Besuch — das kann man sich vorstellen.

Wenn ich ihm ins Gesicht sehe, auf diesem Sofaplatz, so entdecke ich nicht viel von dem glücklichen Inselbewohner. Es ist ein schmerzlicher Zug um die Augen, ein Blick über das Nahe hinweg in eine unbestimmte Weite, ein geschlossener, zusammengepreßter Mund, und man glaubt, daß dieser Mensch nicht sich so ohne weiteres den Genüssen der Improvisation auf dem Klaviere der Stile hingibt, sondern Probleme anschaue und vielleicht manchen Schmerz mit dem Glockenspiel des Papageno übertöne, manchen Kampf mit der Zauberflöte versüße, für die Zuschauer, für alle, die es nicht zu wissen brauchen, für die Priester vielleicht selbst, die so klug sind, nicht immer direkte Formen unseres politischen Temperaments zu verlangen, sondern auch die indirekten kennen, die Gestaltung ex contrario, die Kunst aus der Sehnsucht, die heterosexuelle Liebe zu unserer Ergänzung. Ich weiß es nicht, denn ich kenne ihn nicht. Ich hätte ihm schreiben können: Verehrtester Herr Somoff, ich habe einen Artikel über Sie zu verfassen und es wäre mir lieb, einiges Material von Ihnen zu erhalten, einen Lebenslauf, vielleicht einen Seelenlauf... Und er hätte mir sicher sehr liebenswürdig einen großen Brief aus Petersburg geschickt, hätte mir erzählt, wie er als Sohn des Konservators des Ermitagemuseums von früh auf die Eindrücke fremder, aber historisch gesetzter Kunst in sich aufnahm, dann in der Petersburger Akademie die elende Schule erstarrter Dogmen durchmachte, durch Reisen und Gespräche mit freidenkenden Freunden seinen Geist erweiterte und schließlich in Paris auch die letzte Freiheit der Hand erreichte. Er hätte gewiß sehr ernst und sehr temperamentsvoll von jenen Unterhaltungen unter Künstlern gesprochen, die ihm die Augen öffneten. Wie sie da Nacht für Nacht zusammensaßen, junge Leute von aller Zukunftsfreudigkeit, Musiker und Maler und Dichter, und über die Verwandtschaft des Tones mit dem Ornament oder über die Lyrik in der Malerei oder die neue Technik endlos sprachen, sich vorlasen und vorzeigten, um am nächsten Morgen zu merken, in welchem Barbarenlande sie diese Träume träumten. Vielleicht hätte er in seinem Briefe den problematischen Ton mir gegenüber am wenigsten unterdrückt, weil der Künstler so leicht übersieht, was er an weltanschauungslosem Material dem Kritiker überliefert und die Ruhe seiner

Schöpfung so gern aufrührt, um ihm alle die Gährungsstoffe und geologischen Katastrophen zu zeigen, die ihn am meisten interessieren, weil sie ihn am meisten gekostet haben. Vielleicht hätte er dies getan, vielleicht hätte er auch geschwiegen, vielleicht auch nicht einmal etwas verschwiegen. Ich weiß es nicht, ich kenne ihn nicht. Die Psychologie des Künstlers und seine Entwicklung ist eine große Angelegenheit. Noch größer aber der unpersönliche Eindruck des Geschaffenen, das ein zweites Leben führt, seitdem es in die Welt ging, das Leben der ruhigen Existenz, der bedingungslosen Naturhaftigkeit, der Zeugungsfähigkeit in dem Boden fremder Phantasie. Was ist das Schicksal des Künstlers gegen diese Unsterblichkeit?

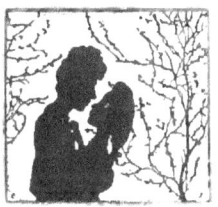

WIR hatten neulich bei Schulte in Berlin eine große russische Ausstellung. Da konnte man sehen, in welcher Linie Somoff marschiert. Es waren nämlich sozusagen lauter Somoffs da, an 600 Bilder der verschiedensten Somoffs, die man sich denken kann, die, auch wenn sie nicht aus dem Jahre 1869 stammten und auch nicht Somoff hießen, doch alle Söhne von Museumskonservatoren, begierige Reisende und Kulturträger zu sein schienen.

Diese ganze Ausstellung war ein Spiegelbild des Westens im Osten, das heißt eine Revue sämtlicher europäischen Stile, von einem Kosmopoliten arrangiert, der mitunter wie zur Signatur etwas heimisch-russisches in sein Werk hineinmischt, wobei er sein eignes Volk nicht viel anders als Merkwürdigkeit behandelt als die anderen Völker. Das reichte von den ältesten Byzantinern, die noch Heilige mit Tierköpfen malten, bis zu den jüngsten Pariser Schülern, die das menschliche Gesicht als eine Mischung bunter Glasflüsse behandeln. Alles spiegelte sich wieder, italienisches Virtuosentum, niederländisches Kleinbürgertum, das pikante Porträt der großen Dame in der Kongreßzeit (diese Pensionärinnen des Smolnyinstituts von Lewitzky waren deliziös), der programmatische Naturalismus von Bastien Lepage, der skandinavische Traum einer phantastischen Dekoration und der Impressionismus der neuen Skizze. Alle diese

Bilder und Statuen stammten von Leuten, die mit offnen Augen durch die Welt gereist waren, am liebsten nach Paris, und die gebildeten Sprachen der Gegenwart beherrschten. Man mußte sagen, daß sie sehr vielseitig waren, im Sinne des Wortes, das mit einem Lobe einen Tadel verbindet.

Manche waren vielleicht robuster, wie Maljawin, der so feurig rote Bauernkleider macht, oder chaotischer, wie der von mystischer Dekoration gährende Wrubel, oder orgiastischer, wie der Direktor Golowin, der so üppige Kulissen für sein Theater zeichnet, aber keiner war reicher als Somoff, unter den Lebenden. Man brauchte ihn nur mit Leo Bakst zu vergleichen, der sehr zierliche antikisierende Zeichnungen und daneben sehr nervige Porträts in Oel macht — Somoff schlägt ihn an Erfindung. Oder mit dem verstorbenen Mussatow, der auch von schlanken Mädchen träumte, die wie Enkelkinder des Piero della Francesca vor Palästen unter Bäumen wandeln — Somoff übertrifft ihn an Schärfe der Anschauung.

Auf der Ausstellung hatte er außer seinen Bildern noch drei Porzellanfiguren, die von der kaiserlichen Porzellanmanufaktur in Petersburg hergestellt waren: eine

Dame mit der Maske, ein paar Liebende, eine Szene auf einem Felsen. Sie waren reizend und bewiesen nicht nur die Eleganz, mit der sich der Künstler in vergangene Epochen zurückversetzt, sondern auch die Plastik einer Einbildungskraft, die nicht früher ruht, als bis sie ihren Gegenstand auf eine räumlich geschlossene Form gebracht hat.

Ich möchte Somoff den Künstler des Stillebens nennen, im weitesten Sinne, wonach alles Lebende (und mit umso größerem Reize, je lebendiger es ist) auf eine Formel gebracht werden kann, die zugleich den inneren Bau seines Rhythmus zeigt und uns zur äußersten Beruhigung unserer Schmerzen dient.

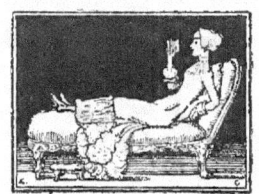

ICH habe eine private Veröffentlichung über Somoff neben mir liegen, die vom Fürsten Scherbatoff und Herrn W. von Meck, unter Redaktion von Igor Grabar herausgegeben ist und viele Abbildungen, zum Teil bunte, nach seinen Werken bringt. Der Text als Katalog ist russisch und französisch. Es ist ein Sonderheft der L'art Moderne, die in Moskau und Petersburg erscheint. Außerdem (nachdem derselbe Igor Grabar in der Zeitschrift für bildende Kunst 1903 als Manager vorangegangen war) las ich einen Aufsatz von Hans Rosenhagen in der Bruckmann'schen „Kunst" (VI, 5) und einen von Emil Heilbut in Cassirers „Kunst und Künstler" (II, 2). Diesen Autoren ging es nicht anders als mir. Sie hatten die reine unpersönliche Freude an den Dingen. Das wesentliche Material strömt uns ganz anderswoher, aus dem Leben und aus allerlei Gedanken und Gefühlen, die sich herumlagern. So lese ich augenblicklich Robert Walsers Roman „Geschwister Tanner" und ich glaube, daß er mir mehr Assoziationen zu Somoff gibt als Puschkin oder Turgenjew. Robert Walser hat mit seinem Bruder Karl, dem Maler, die Lieblichkeit der Anschauung gemeinsam. Karl Walser ist ein Stilist wie Somoff, vielleicht dekorativer, spielender, kühler und nicht so verliebt, aber doch aus derselben Gegend. Ich denke mir, daß Robert oft die Zeichnungen seines Bruders lange ansah, bis sie ihm zu Situationen wurden und diese Situationen anfingen zu sprechen. Weiter dichtet er nämlich nichts.

Die Verbindlichkeiten der Psychologie interessieren ihn nicht, sondern nur Szenen, die die Plauderphantasie reizen, so wenn einer zu einem Buchhandlungschef geht und ihm erzählt, wie er sich seine Zukunft als Gehilfe bei ihm denkt, wenn einer eine Wohnung mieten will oder Boot fährt oder auf einer Bank sitzt oder seinem Bruder schreibt oder die Nasen von Bankbeamten beobachtet oder Menschen auf einer Brücke oder im Volksspeisehaus oder wenn sie Geschäfte machen. Das alles läßt er dann plaudern, bis es genug hat. Man kann das ins grenzenlose treiben, sich stundenlang damit amüsieren. Wenn man aber Bilder so betrachtet, die Stilleben geworden sind, das heißt sich gesetzt haben, so tut man ihnen den Gefallen, ihr inneres Leben auf einige Augenblicke zu entzaubern, um den Puls in ihrem süßen Schlafe zu zeigen. Gerade diese Art Bilder läßt sich das sehr gern gefallen, sie haben freilich kein anderes Bestreben als möglichst bald wieder in ihren abgeklärten Zustand zurückzusinken und es ist ihnen ganz gleich, welche Schicksale ihnen der deutende Beschauer unterlegt. Sie sind darüber hinaus und halten still. Selbst ihr Lächeln zu deuten, ob aus Stil oder aus Ueberlegenheit, geben sie völlig anheim.

ICH will einfach der Reihe nach, wie sie entstanden sind, einige der Somoffschen Bilder mir ansehen und reden lassen. Es fängt mit dem Jahre 1895 an. Da ist zuerst die Porträtzeichnung von Benois, ein weicher bärtiger Kopf in Profil nach links unten, mit dem Pincenez, und links hinten ein paar Bücher. Benois malt verschwiegene, zauberhafte Parks in etwas saucigen Tönen, schöngeistig auf die Farbe und den Teint behandelt, in einem koloristischen Couloirgeist, wie etwa Gaston Latouche. Was reizte Somoff, bei ihm und ihn zu studieren? Vielleicht eine dunkle Ahnung der Schönheit solcher Zaubergärten, wie einer das Bad der Marquise darstellt: ein frisierter Kopf, halsgeschmückt, der aus einem Bassin aufragt, hinten auf der weißen Bank ihre Kleider, ein Kulissentheater von Taxushecken, Marmor und Baumschatten — die verfärbte Darstellung Versailler Geheimnisse, die auf ihre Wirklichkeit gesehn sind, welche den Stil einschließt, noch nicht auf den Stil, der die Wirklichkeit zwingt. Im selben Jahre kommt der Porträtauftrag einer wohlbeleibten bürgerlichen Dame, die uns allen Marquisenträumen entreißt. Was kann man mit ihr machen? Man läßt sie auf ihrem alten Sofa und hat wenigstens darüber die drei ovalen Familienbilder an der Wand, die die Sprache alter Tage reden, biedermeierisch.

Im nächsten Jahre wird aus dem Benois'schen Gartentraum der Somoffsche Traumgarten. Die Hecken putzen sich aus, von Orangenbäumchen gekrönt, mit Gittertoren und weißen Bänken und weißen Statuen verzuckert, die Dame mit der Zofe erhebt sich, um den „courier clandestin" mit dem Briefchen zu erwarten. Es wird Abend werden und die Figaroszene wird von statten gehn. Die weißen Statuen werden herabsteigen und im Mondlicht Ballett tanzen. Der Geruch der Szene liegt am nächsten Morgen noch in der Luft. „Les deux sentimentales" haben ihren Spaziergang gemacht, die eine mit dem Kapotthut, die andere mit dem Federhut, vor die Stadt hinaus, wo ein geschlängelter Weg zwischen puscheligen jungen Bäumchen um den See läuft, und sie erzählen sich ihre Geschichten, in einem ganz dünnen Aquarellton Geschichten, die vielleicht eine sehr überlegene und sehr rassige Dame betreffen, deren Existenz sie nicht im geringsten begreifen. Seht, da sitzt die „Madame A. B." auf dem Stuhle im Garten, neben einer Statuette, vor einem Spaziergängerpaar, und läßt sich malen. Wie hübsch steht der Bänderhut zu ihrem entgegenkommenden

Gesicht, das in der Erwartung der Malerei einen prächtigen Gemütsausdruck sich zugelegt hat, aber dann nach der Sitzung unbändig lachen wird, über dem entblößten Hals und den nackten Armen. Und man wird mit ihr tollen und springen und es wird regnen und sie wird unter dem Schirm mit einem andern Herrn davongehn. Törichte Realität! Was soll sie uns? Gehn wir heim. Schlafen wir darüber ein und lassen wir Träume ihre Ornamente daraus weben. Ueber den Weg am Rande der Blumenwiese sieht man ein schönes dunkles Gebüsch, vor dem eine weiße Statue mit der Hand winkt. Der Regen zieht in die Ferne ab, und ebenso eine dicke karrierte Kinderfrau. „Après la pluie". Das weiße Kind spielt auf der blumigen Wiese, die Dame mit dem kleinen Sonnenschirm sitzt auf der weißen Bank, zwei feine Herren in Zylindern sprechen mit ihr. Alles geht vorüber, die jungen Mädchen, die wir vor einer aufgehängten Wäsche porträtieren, ein Dach, ein Dorfweg, ein Zaun, den wir mit ihr im Spazieren sahen (alles hat ein anderes Leben, was wir mit ihr zusammen sahen) und der Nachmittag, da wir hinter den Tanten die Terrasse des alten Schlosses bestiegen, mit dem feinen Marmorgeländer und dem alten Kanal, in dem die Baumgruppen wie Zellengefängnisse stehn, über den die Wolken wie zerrissene Blätter alter Chroniken ziehen. Die Tanten auf „une terrasse" werden zu Marquisen mit gewellten, gepufften Kleidern, unten naht die Sänfte der Königin, sie reden von Hofgeschichten, die so enge Taillen und schmale Arme haben, wie sie selbst, so dünne Zeigefinger, so gepuderte Haare — indeß ihre Nichte, die Malerin, die die seidenen Watteaumäntel liebt, über das metallene Geländer gebeugt „près de l'étang" dem Spiel der Reflexe in einer reizenden Verwirrung zuschaut. Drüben steht der Palast und ein paar Leute scheinen sich davor zu unterhalten. Sie aber interessiert nicht ihr Gespräch oder ihre Intrigue, sondern nur wie sich das alles mit der Renaissancefassade in dem Teich widerspiegelt und zu einem beweglichen Teppich auflöst. Sie nennt das Wasser ihren impressionistischen Lehrer. Seine kleinen Wellen nehmen den Dingen ihre Konsistenz und zerlegen sie in leicht veränderliche, tupfige Flecken, die den Widerschein ihrer Farben und Lichter in einer flächigen Mischung geben und, was draußen fest und starr bleibt, in einen fließenden Klang verwandeln. Die Luft, die schon das ihre tut, die Zufälligkeiten auf eine Harmonie zu bringen, wird hier in eine neue Harmonie hineingenommen, die noch sonorer und bindsamer ist als sie selbst. So denkt die kleine Malerin, indem sie einen zierlich ornamentierten Bau, der voller Schicksale ist, im Wasserbild betrachtet, und wendet uns dabei den Rücken zu und füttert Schwäne.

UND so wollen wir, sagt uns der Künstler, den Bezirk der Kunst in seiner ganzen Weite durchstreifen. Geben wir dem stilisierenden Prinzip, das in uns lebt und die Welt heut wieder stärker beherrschen will, zu sehr nach, so werden wir Schulmeister der Form und Gesetzgeber der Langweiligkeit mit all dem Hochmut, der diesen abstrakten Geradlinigen zukommt. Geben wir aber der unbefangenen Freude an der Wirklichkeit, dem romantischen Tempo des Lebens und all seiner vielgestaltigen Buntheit zu sehr nach, so erweicht sich in uns das stilbildende Gesetz, das unser Regulativ ist, und das Organ für Wesentlichkeiten. Man hält mich vielleicht für einen Dekorativen. Noch bin ich es nicht. Ich will die Natur lieben und die Bewegung im Fluge erhaschen. Heut den Weiher gemalt mit seinem wirren Lichterspiel, morgen den Windstoß in den Bäumen, daß die Pinselstriche nur so fliegen. Wohl sitzt dieser Herr sehr dekorativ in dem geradlinigen „pavillon", der sechs Pfeiler mit einem schrägen Dach deckt, aber hinter der Sauberkeit seiner weißen Isoliertheit soll der Waldrand in voller bunter Pracht dastehen. Studieren wir das Detail, einzelne Baumkronen, die nicht zu belaubt sind, das unendlich verzweigte Gewirr, das Spinnennetz der Stämme, die dicken Aeste fest und sicher, die dünneren immer mehr auf das System ihres allgemeinen Wuchses, nachschaffend dem Trieb der Natur, die von den Differenzen der Form und des Inhalts nichts weiß. Kahle ausgewachsene Stämme in einer Allee des Versailler Parks, perspektivisch gereiht, mit all ihren zufälligen Hals- und Kronenbildungen. Aber nein, es ist genug, schon kommen wieder zwei Reifrockdamen, von einem Neger im Zylinder gefolgt, durch meine Phantasie spaziert. Warum immer diese? Habe ich doch eine ornamentale Ader, die ihr Recht fordert? Wir wollen sehen, was passiert. Ich stelle die beiden Damen mit dem Mohren hoch in den Vordergrund „à la promenade" über eine liebliche ferne Landschaft; unten sieht man Leute gehn, Wagen fahren. Wie das nett im breiten Raum steht. Es ist wie eine Illustration zu einer Landschaft. Ich muß sie bevölkern, ihre Rhythmen durch Menschen heben, ihre Kulisse durch Vorgänge verschönen. Die Natur gibt mir wohl den Stoff, aber ein inneres Gesetz zwingt mich sie nach eigenen Maßen zu ordnen, ihre Arabeske herauszuziehn, sie zu komponieren nach dem Schnitt meiner Phantasie. Ich möchte illustrieren, umrahmen, im letzten Zufall das Organische alles Werdens erkennen. Merkwürdig, als ich das Porträt meines Vaters malte, interessierte mich mehr als alle Aehnlichkeit das Wellenspiel der Lichter auf seinem Rock, das mir so sehr eine höchst geistreiche Karikatur auf Lebensschicksale, ich meine ein Abdruck aller Bewegungen dieses Körpers zu sein schien, daß ich nachher heimlich lachen mußte. Oder ich sah bei meinen Studien zur „weißen Nacht", was Dächer bedeuten, die durch Birkenstämme sichtbar werden, oder ich sah plötzlich von hoch oben auf die „Confidences" einiger jungen Mädchen in dem Garten vor dem weißen

Pavillon, sodaß sich alles im Funkenregen der Sonne in ein Rascheln von Blättern verwandelte, oder ich sah auf einem Spaziergang „au mois d'août" den Dorflehrer mit einer Schülerin unter dem Kichern der dummen Bäumchen im Grase liegen, sodaß ich mir mit einer kleinen Variation diese Komödie der Gegenwart in eine Tragödie der Vergangenheit übersetzte, oder neben einem eleganten „arc en ciel" unter höchst verzweigten Bäumen sah ich zwei helle Damen, deren Kleider ich sofort, dem Rhythmus der Landschaft antwortend, ins Reifrockige übertrug, oder ich sah „une cavalcade", langstenglige Bäume, Amor mit erhobenem Finger, ein Reiter mit erhobenem Finger, eine Reiterin mit erhobenem Finger, trab, trab, er dreht sich um, sie fliegt hoch, der Mantel bläht, die Zügel sind dünn, die Pferdchen wohlgemut, die Gesichter etepetete, wie hübsch dumm ist das, ich ziehe ihnen Kostüme an, so friderizianisch, Kursivschrift, es ist ein Bild in Kursiv, es hat eine gute Silhouette. Jeder hat seine Handschrift, der eine malt steil, der andere stocherig, dieser wellig, jener punktig, dieser kalligraphisch, jener Versalien, ich schreibe Kursiv. Kursiv ist eine Vereinigung des Handschriftlichen mit dem Ornamentalen.

MAN unterscheidet (so wollen wir, geehrter Herr Somoff, ihre Betrachtungen auf eine gewisse Klarheit bringen) in der Grammatik drei Verbalformen. Die erste ist der Indikativ, das ist die Hinstellung einer Tatsache, der nackten Tatsache, gegen deren Existenz nichts einzuwenden ist. Der Indikativ sagt: dies Ding ist, es ist da, wie ihrs wahrnehmt, je plastischer und greifbarer, desto sicherer, da ist nichts zu deuten und zu phantasieren. Der Konjunktiv ist schon nobler, distanzierter. Er gibt die Existenz desselben Gegenstandes nur unter Bedingungen zu, die zu erfinden meine Phantasie ergötzt. Er sagt: das Ding wäre so, wenn ich es annehmen wollte oder wenn durch eine von mir nicht gewollte Fügung die Voraussetzungen dafür geschaffen wären. Jetzt bin ich nicht mehr von der Begrenztheit des Wirklichen abhängig, sondern ich kann Ereignisse unter neuen, sogar unerhörten Zusammenhängen verbinden und ihnen eine geheimnisvolle Kraft, einen musikalischen Kontrapunkt hinzufügen. Nehmen wir einen Fall. Ich leugne nicht, daß es eine sehr glückliche Tatsache wäre, beim aufstehn am Morgen von singenden, lachenden Menschen umgeben zu sein. Ich liege gern noch ein wenig wach und graule mich etwas vor den Briefen, die da auf dem

Kaffeetisch mich erwarten, und all den kleinen Hindernissen, die der kommende Tag mir auf den Weg werfen wird. Ich liege wach und warte auf die ersten Töne des neuen Morgens. Draußen höre ich zwei junge Mädchen leise hin und her gehen, zuweilen ein verstecktes Kichern, frohe Laune, Summen von Melodien, vergnügte Geschäftigkeit. Ich bin selig, denn es gibt nichts Schöneres, als den ersten Ton des Tages im Lachen und Singen junger Mädchen zu vernehmen, die ahnungslos mir diese Musik vor der Schlafzimmertür vormachen. Man stelle sich vor, wie verlockend das ist, wie optimistisch — man denkt: es ist ja alles gar nicht so schlimm, wenn die so singen. Und sie singen und lachen den ganzen Tag, beim Kochen, beim Nähen, beim Essen. Das ist der Indikativ. Nun denke man sich diesen Zustand ins Unendliche fortgesetzt. Wird er erträglich sein? Wird einem das Singen und Lachen nicht über werden? Immer wieder vergnügt, immer ahnungslos, immer wolkenlos — nein, alles hat seine Grenzen und ich erhebe den besagten gewiß sehr nützlichen Indikativ zu einem noch viel wohltuenderen Konjunktiv: ich bilde mir bloß die lachenden Mädchen ein. Jetzt brauche ich mich mit der einen nicht zu verheiraten, die andere als Schwägerin ins

Haus zu nehmen, sondern wenn ich wach liege, denke ich mir gänzlich unverheiratet ihre Lerchenstimmen, so leise oder so laut ich will, so oft oder so selten ich will, bis ich meine Phantasie so in der Gewalt habe, daß sie mir durch ihre Spekulation völlig die aufdringliche Massivität des Realen ersetzt. Ich bin mit Vergnügen in das Stadium des Konjunktivs getreten, der Stilisierung des Wirklichen. Nun aber haben die alten Griechen eine herrliche Erfindung gemacht, sie haben zu diesen beiden nützlichen Verbalformen noch eine dritte hinzuerfunden, deren Vorzüge lange Zeit verloren gegangen sind: den Optativ. Der Optativ ist nicht ein bloßes Wünschen eines Geschehnisses, sondern er ist die letzte Möglichkeit des Stilisierens der Dinge, die uns gegeben ist: wir nehmen gleichsam nur ihr Ornament heraus und freuen uns an ihrer inneren Musik. Das geht ausgezeichnet. Wie dumm war ich, mir monatelang diese beiden törichten Mädchen mit ihrem Gelache und Gesinge erst wirklich, dann konditionell zu wünschen. Seien wir so reif, gar keine Substrate mehr für das Glücksgefühl zu brauchen, sondern es durch die Disziplin unseres Wesens, die Hygiene unseres Verhaltens, die Kultur unserer Stimmungen zu erzielen und aus den letzten flüchtigen Andeutungen fließender Haare, schöner Augen, wallender Gewänder oder wie die Requisiten sonst heißen mögen, die seelische Essenz der glücklichen Arabeske zu destillieren. Ornamentieren wir das Leben. Dann haben wir seine drei Verbalformen durchlebt.

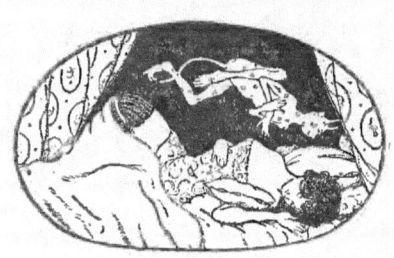

SOMOFF ließ gewiß nicht los von der Indikativkunst, die uns die Beruhigung der irdischen Wahrhaftigkeit gibt. Er porträtiert das Kinderzimmer, oder sich selbst, oder einige Versailler Bäume, oder ein paar Akte, und noch einmal die liebliche Madame B. (ich denke: Benois), diesmal schon dunkel und winterlich, auch ein richtiges Liebespaar auf einer richtigen Gartenbank, alles, was so im Laufe des Tages kommt, diese und jene Dame, einen Acker und einen Sonnenuntergang. Aber der Konjunktiv reizt seine Phantasie mehr und mehr, und unmerklich wächst aus der Wirklichkeit eine Traumwelt, aus dem Bedingungslosen das Bedingte, aus dem Alltäglichen das Symbol. Sagen wir: aus Puschkin wird das imaginäre, kreisrunde Porträt eines schmalen, langen Mannes, der mit schmalen langen Fingern an einem Stehpult schreibend beschäftigt ist und uns sein soigniertes Schimpansengesicht zuwendet. Alte Zeiten, alte Kostüme machen mehr Konjunktive, als alle Gegenwartstatsachen. Diese romantischen Dichter, „les poètes" gehen in den hohen Wald mit ihren hohen Hüten und engen Hosen, werfen sich Rücken an Rücken auf die Wiese, lesen und schwärmen. Unsere Freundin in Blau geht in den Garten, das aufgeschlagene Buch der Lieder in der einen Hand, die andere an der Kamee über dem Spitzenbesatz der tiefgeschnittenen Brust, und in der ganz romantischen Breite des ganz romantischen blauen Kleides stellt sie sich vor das Gebüsch, in der reizenden Attitude unserer Großmütter, als sie zwanzig Jahre zählten. Und die zwei Mädchen gehn in den langstämmigen Wald in ihren hellen breiten Kleidern, von einem Hündchen gefolgt, und machen ihren „repos au bois", Porzellanwesen im Glasschrank der Natur. Und in der dreifachen Lichtung des arkadenförmig geschnittenen „bosquet" sitzen die vielgeprüften Kavaliere und Marquisen der schönen Opern alter Jahre und machen ihre „conversation galante". Die „Zauberin" steht zwischen würfelförmigen Lorbeeren und zeigt ihnen, selbst eine Courtisane vom Hofe der Velasquezkönige, im Spiegelschild das Wappen der Liebe. Im Tempelchen der „île d'amour" werden Duette gelebt, in der Veranda des zierlichen Geländerhäuschens „echos du temps passé" belauscht, indeß die Marquise auf einem kissenreichen Sofa ihre kokette „Migräne" aus einem Teetäßchen heilt. Konjunktive Menschen sind das alles, imaginäre Szenen, aus der bloßen Existenz in eine phantastische Lyrik erhöht, die Melodie des Tages kontrapunktiert gegen die Arie der Vergangenheit. Während wir unter Bäumen und Statuen mit einem Mädchen auf einer Bank sitzen, kommt eine träumerische Erinnerung über uns, wir sehen uns die Hand in der Recköffnung, das Blatt sinken lassend, die blumige Dame zurückgelehnt Zither spielend, wir hören ihr zu und glauben uns in die Zeiten der Großväter versetzt, sie spielt ein altes schlichtes Lied und mit diesen paar zimperlichen Tönen kann sie uns begeistern und zu Tränen rühren: „le poète et la muse". Das ist die Zeit der gelben Teller, der blauen Teegeschirre, der sattgrünen Wiesen und der blumigen Kleider. In Paris war es, daß man die Farbe lieben lernte und die Glut ihres Feuers aus den Dingen herausholte. Zu Hause, vor den Emaillen der byzantinischen Heiligen, fand man ihre dekorativen Tugenden. Bis dann die gesetzte Moral ihrer Arabeske das reife und ruhige Alter zu künden begann. Da im Landhaus schaut ein junges Liebespaar, voll des Indikativs, vom Balkon in die blühende Landschaft. Man hat sie noch nicht zum Tee gerufen, den die beiden Damen unten in der Veranda zu sich nehmen, sie, die einst vielleicht lachende und singende Mädchen im Hause ihrer Heimat waren und nun ihre Erinnerungen in alte Kostüme kleiden und aus ihren Erlebnissen ein zierlich konturiertes Bildchen machen. Oben aber sitzt der Vater im Lehnstuhl, dem sie den Tee hinaufschicken, und in seinem Kopfe ist all das, was einst Gegenwart war und Hoffnung, ein Ornament geworden, das den Sinn der Schicksale erklärt, ohne sich mit lebenden Organismen oder der Ueberflüssigkeit von Szenen und Gesprächen zu beschweren.

Zu Puschkins Dichtungen, zu Theaterprogrammen und Büchern, Almanachen und Zeitschriften zeichnet der Künstler seine Illustrationen, Rahmen, Vignetten: ein schwebender Optativ der Kunst, ohne jeden Anspruch auf Wirklichkeit oder Möglichkeit. Das Weingehänge ist die Erinnerung an alle Vergnügungen, die uns die verschnittenen Gärten enthüllten. Rosen, Bänder, Kameen schlingen sich um Figurinen, unter dem Rebendach sitzt das Mädchen mit der Puppe und dem Reifen, Rokokozierrat und Perlengehänge umrahmen den Ausblick auf die Komödianten mit Larve und Puderkopf. Vorhänge heben sich sachte auf und zu, Ritter gehen vorüber, Prinzessinnen lachen an uns vorbei — das Leben ist still geworden, das Stilleben ist der Refrain seines Liedes. Lohnte es sich der Mühe und war es seinen Preis wert? Nicht allen ist es gegeben, es mit Brutalität zu Boden zu werfen. Haben sie ihren Tanz und ihre Unterhaltung mit Geschmack und Geist zu Ende geführt, so soll man ihnen nicht böse sein.

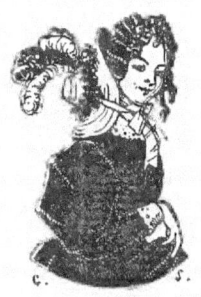

PING, ping, zwölfmal ping schlägt die alte Sèvres-Uhr auf dem Kamin. Es ist die heilige Mitternacht, die Stunde, da Gilda sich für den Herzog morden ließ und Falstaff im Walde von Windsor verhöhnt wurde. Das Spielwerk setzt ein und spielt seinen Verdi. Denn der Besitzer ist ein Verdiliebhaber, der ein Puppentheater, auf dem der Maskenball von Marionetten gemimt wird, einen Schrank mit den Kostümen der ersten Traviatadarsteller, ein Grammophon mit Carusos Stretta aus dem Troubadour und den Schlafrock Verdis besitzt, den dieser von Mozart durch Kauf geerbt haben soll. Um Mitternacht spielt die Uhr die Gildaarie, die berühmte in E-dur, die die Melba mit einem Triller so lang wie ein Schornsteinrauch schließt, erst dick und fest, dann immer wolkiger und leichter, bis er sich in die Luft auflöst. Während du den Triller hörst, lieber Leser, fragst du mich, was das mit Somoff zu tun hat. Nichts hat es zu tun, gar nichts. Es hängt nur so irgendwie hinten herum mit ihm zusammen, vielleicht berührt es sich, aber man sieht es nicht. Es kommt auch jetzt gar nicht so darauf an. Denn diese Mitternacht ist keine gewöhnliche Mitternacht, sondern es ist Sylvester, wo nach der Meinung der weintrinkenden Menschen ein Jahr zu Ende geht und das andere beginnt. Da kann man die Grenzen nicht so genau unterscheiden, weiß nicht, ob ein Triller ein Ornament ist oder eine Musik, ob eine Sängerin aus Porzellan ist oder einen Studenten liebt, ob ein Feuerwerk oder die Lektüre Goethes vorzuziehen ist oder vielleicht gar eine Silhouette Goethes nur der Kohlenrest eines Feuerwerks ist, wie man solche merkwürdige Zufälle vielfach kennt. Wer kann das alles auseinanderhalten und Gesetze aufstellen: so ist dies und so ist das, das ist gut und das ist schlecht, ich bin der Prophet und ihr seid die Lämmer. Wunderbar ziehen die Schicksale der Menschen vorüber, Theater und doch Wirklichkeit, nackt und doch kostümiert, neu und alt, alles zugleich — aber bunt, unendlich bunt und stets von einer beispiellosen Abwechslung. Es werden viele Bücher darüber geschrieben und viele Bilder darüber gemalt. Und dann gibt es wieder solche, die über die Bilder Bücher schreiben, und solche, die über diese Bücher selbst wieder Bücher schreiben. Obwohl sie alle sehr wichtig tun, ist ihnen doch an nichts gelegen, als einmal ein schönes Gleichnis zu finden oder ein treffendes Wort oder eine angenehme Vorstellung. Sie würden das alles nie schreiben, wenn nicht der Drang der Gestaltung in ihnen wäre, den uns die gütige Natur eingepflanzt hat, weil sie selbst noch etwas davon übrig hatte. Sie machen uns das bunte Leben noch bunter, weil sie es widerspiegeln können und die großen Zusammenhänge entdecken, die die Philosophen so schrecklich Kategorien nennen. Dafür haben sie ein offenes Auge und einen hellen Sinn, wie das Räumliche und das Zeitliche und das Ursächliche ganz weit und tief, so ganz in den untersten Regionen des Begriffs die Dinge verbindet. Teilt sie nicht ein (— Herrgott, es schlägt schon $^1/_21$ —), gebt ihnen keine Prädikate, sperrt sie nicht in Richtungskäfige, Maler, Dichter, Essaiisten — laßt sie doch tummeln, wie die Kinder, die sie sind mit dem Zusatz der reifen Intelligenz: Kinder mit Bewußtsein. Was das alles mit Somoff zu tun hat, lieber Leser? Nichts, gar nichts. Es ist ja Sylvester, hebt die Gläser hoch und laßt die Kinder leben und die Großväter; diese beiden verdienen es, und sie wissen genau, warum.

Bravo, bravo, klatscht mir da der Uhrbesitzer zu, mit dem Verdischen Schlafrock, den Verdi wieder aus Mozarts Hinterlassenschaft hatte. Und bravo, bravo, klatscht die Amme mit der Spitzenhaube, die den Jungen auf dem Schoß hat, den sie vor einem Jahre noch säugte:

wie groß ist er jetzt geworden. Jetzt geht es, wie ihr auf dem Bilde seht, zwischen den beiden los. Der Großvater wird gesprächig und die Amme läßt sich das nicht gefallen. Natürlich lobt der Großvater das abgelaufene Jahr und die Amme das kommende. Was ist in dieser Geisterstunde nicht alles möglich. Weltanschauungen, Zeitalter, Geschlechter platzen auf einander und streiten sich um ihren Wert. Ob es ihnen immer ehrlich ist, weiß man nicht. Fast könnte man glauben, sie seien als Schauspieler bestellt, um eine rührende Szene zu vollführen, zu der die Uhr ihr Stichwort gegeben hat. Was ist da zu tun? Ich kenne die Geschichte von ein paar Freunden, die in ein Theater wollten, weil ihnen die außergewöhnliche Vorstellung eines Erdbebens angezeigt war, die sie lockte. Das Erdbeben sollte so täuschend sein, daß man es für ein wirkliches halten könnte. Sie bezahlten ihr Eintrittsgeld und saßen voll Spannung vor dem Vorhang. Der ging auf und sie sahen eine Verabredung zu einer Automobilfahrt quer durch Afrika. Plötzlich als die Leute im schönsten Tempo zu sein schienen, spritzte aus einer Ruine eine herrliche Girandola hervor, wackelte die Bühne und schlug mit einem fürchterlichen Knall zusammen. Es brach Feuer aus und alles schrie, gestikulierte, stürzte heraus. Die Zuschauer dachten, das gehöre mit zum Theater und klatschten dem ausgezeichnet gelungenen Erdbeben riesigen Beifall zu. Sie gingen unter, ohne es zu merken, mit dem glücklichen Bewußtsein in diesem Theater auf ihre Kosten gekommen zu sein.

Der Dialog zwischen dem alten Herrn im Schlafrock und der Amme

Der alte Herr. Meine höchst ehrenwerte Amme, Sie werden mich nicht so leicht von meiner Meinung abbringen. Wie uns der Autor dieses vortrefflichen Aufsatzes soeben an einem erbaulichen Beispiel gezeigt hat, gewinnen selbst die stärksten Erlebnisse an Geschmacksfähigkeit, wenn man sie von seiner Loge aus betrachtet. Was hätten die Freunde davon gehabt, wenn sie gewußt hätten, daß ein wirkliches Erdbeben sie verschüttet? Angst und Todesqual. So aber war ihnen das Glück beschieden, aus einer furchtbaren Katastrophe ein Schauspiel zu gewinnen, das sie noch beklatschten, als es die Spieler nicht mehr hören konnten. Ich finde das herrlich.

Die Amme: Sie sind ein frivoler Mensch.

Der alte Herr: Nein, meine Liebe, ich habe Stil,

wie dieser unser Freund Somoff. Es wird an ihn nichts herantreten, was er nicht zu einem lieblichen Bilde macht. Sobald es ihn haranguiert, zieht er den Vorhang vor, wartet seine Zeit, zieht ihn wieder auf und das Erlebnis ist zur Bühne beruhigt. Das muß man lernen können. Sehen Sie, hier um meinen alten, aber gesunden Leib hängt der berühmte Schlafrock, den unser unvergeßlicher Meister Verdi von seinem noch unvergeßlicheren Vorgänger Mozart erbte. Sobald ich ihn anhabe, überkommt mich eine eigentümliche Stimmung: die furchtbaren Schicksale Don Juans, die Revolution des Figaro und die Moral der Zauberflöte erscheinen mir in ihrem milden, abgeklärten Lichte, wie in einen alten Bau hineingezaubert, in alte Kostüme gesteckt, von lustigen Ornamenten umrahmt, das Elend der Kameliendame wird eine Melodie, das Erlebnis Rigolettos ein Schauspiel, die Rache der Aida ein leiser und duftiger Gottesdienst und Falstaff spricht seinen herzlichsten Toast dazu — es lebe die Gelassenheit! Sie sind sehr unmusikalisch, verehrte Amme, Sie haben nie darüber nachgedacht, was es heißt, Distanz zu den Dingen haben.

Die Amme. Nein, das habe ich wirklich nicht. Lieben, gebären, fortpflanzen, säugen, erziehen! Gebären, gebären!

Der alte Herr. Edle Amme, hochbenedeite Kinderfrau und Neunmalweise, das Gebären scheint mir eher bei euch in ein System gebracht zu werden. Ihr liebt den Zufall nicht und das Unkontrollierbare, Genies der Fortpflanzung kennt man bei euch nicht. Ihr seid verpflichtet, zu lieben und zu gebären. Maschinen der Natur!

Die Amme. Papperlapapp. Ein Mann ist ein Mann und ein Weib ein Weib. Kostüme brauchen wir nicht. Wir legen das Kind an die Brust der Natur und hassen nichts, als die Flasche. Kraft, Natur! Kuhstall! Hier du Junge auf meinem Schoß, du nackter Kerl, ich halte dich in die Zukunft, strample und entwickle dich und zeuge selbst wieder deine Jungen. Mit dem Operngehen macht man keine Kinder.

Der alte Herr. Schön, gut, gewiß sehr schön. Ich verstehe Sie, Sie verfechten den Naturalismus, die Forderungen des Instinkts, die Eroberung der Welt. Das sind so Sachen der Jugend. Wer aber sagt Ihnen, daß die Jugend Recht hat? Ihr treibts nach vorwärts, wir sehen nach rückwärts. Ihr seid stärker, wir sind reifer. Ihr schert euch um uns nicht, aber wir um euch. Aus all dem Trubel, den ihr anstellt, machen wir uns unser Vergnügen, und selbst eure Erdbeben beklatschen wir.

Ach, meine Liebe, ich habe ein schönes Jahr hinter mir. Ich habe einige gute Bücher gelesen und bin nicht krank gewesen. Ich habe, wenn ich auf der Straße ging, hinter jedem Zaun und in jedem Fenster eine hübsche Geschichte gesehn und auf Reisen mit guten Freunden über die Vergangenheit gesprochen, die sich beruhigt hat, wie ein holländisches Stilleben. Habe mich von allem Elend ferngehalten und mir genug Illusionen gewahrt. Ich war mit wenigem glücklich und gänzlich egoistisch, ohne irgend einen damit zu stören. Was dieser Maler auf seinen Bildern zu zeigen scheint, das habe ich wirklich erlebt. Es war nicht leicht, ich habe mich langsam dazu erzogen, und ich bin noch nicht ganz fertig. Sehn Sie diese Uhr: da ist ein Paar dargestellt, das sich lieben will, er streckt die Arme nach ihr aus, sie bleibt ruhig sitzen. Die Uhr stammt von meinem Großvater. Ein napoleonischer Offizier, der bei ihm wohnte, gab sie ihm zum Aufheben und holte sie nie wieder ab. Das Uhrwerk spielte aus Figaro. Es zerbrach und ich ließ neue Stücke einsetzen. Aber das Liebespaar hat sich nicht verändert. Die Leutchen, die einst in Sèvres das Licht der Welt erblickten, kommen aus ihrer Gebärde nicht heraus. Sie spielen uns zu jeder Musik dasselbe Stück vor. Dem Mann werden die Arme eher abbrechen, als daß er sie sinken läßt. Die Uhr schlägt ihre Stunden dazu, das Spielwerk spielt sein Stück dazu und ich sehe es mir voll Behaglichkeit an. Ich fühle mich wohl, ich lobe mir die Kontemplation und werde den Rest des alten Adam auch schon noch unterkriegen. Ich preise das alte Jahr, das neue wird mich erst interessieren, wenn es wieder vorbei ist.

Die Amme. Junge, Junge, hör nicht auf den alten Mann. Er macht aus der Not eine Tugend.

Der alte Herr. Junge, Junge, was willst du werden? Ein Soldat und dich für die Dummheit der Masse totschlagen lassen? Ein Spekulant und dein Leben vergiften mit der Gier nach Lebensmitteln? Ein Arzt und von deinen Mißerfolgen existieren? Ein Künstler und für deine Glückseligkeiten bluten? Dann werde lieber ein Straßenbahnkondukteur, knipse jedem seine Strecke ab und laß dir dafür noch bezahlen. Nicht wahr, Junge, das wünschest du dir?

Die Amme. Höre nicht auf den frivolen Menschen. Seine Jahre laufen ihm wie Gespenster davon. Ins Unglück sollst du dich stürzen, daß es Funken schlägt.

Der alte Herr *(singt, wenn er kann, nach der Melodie: „Reich mir die Hand")*
 Meine Tante, die hat Migräne,
 und fühlt sich höchst geniert,
 Nimmt das weiße Töpfchen zierlich
 In zwei Finger und vomiert.

Die Amme. Und lieben sollst du Junge, daß du die Sinne verlierst.

Der alte Herr *(nach der oben gerühmten Gildaarie)*
 Meine Frau, die ist auf Reisen,
 sitzt auf einer weißen Bank,
 feine Herren mit ihr schwatzen,
 sind vor Liebe schon ganz krank.

Die Amme. Und in die Hölle jagen sollst du alle Stilfexen und Wortemacher.

Der alte Herr *(nach der Zauberflötenmelodie: „Klinget, Glöckchen, klinget")*
 Mein Junge, der ist ein Racker:
 Hat einen schneeweißen Leib,
 er spielt mit der schwarzen Larve
 zu seinem Zeitvertreib.

Die Amme. Aber Junge, was ist denn das? Hast du wieder das greuliche Ding vor die Nase gebunden?

Willst du dem Großvater auf die Spuren kommen? Schämst du dich nicht? Gleich runter damit, du Lausbub oder ich...

Der alte Herr. Amme, seien Sie nicht so heftig, Sie zerstören mir meine Schlußvignette. Na prost! In diesem Sinne!

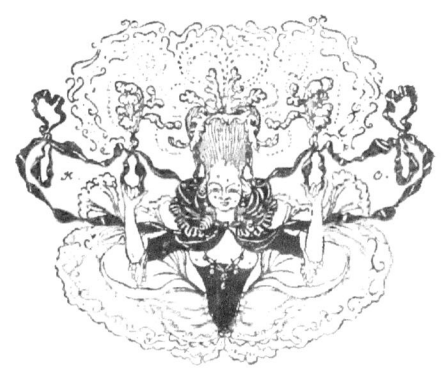

DAS WERK DES KÜNSTLERS

1892

Mädchen mit einem Strausse. Aquarell. Im Besitze des Herrn Sergius Michaïloff. St. Petersburg.

1893

Bildnis des Frl. Elisabeth Martynoff. Aquarell. Im Besitze des Herrn Andreas Somoff. St. Petersburg.

1895

Bildnis des Herrn Alexander Benois. Farbige Zeichnung. Im Besitze des Herrn Alexander Benois. St. Petersburg.
Bildnis der Mutter des Künstlers. Oel.
Mädchenkopf (Frl. E. Martynoff). Farbige Zeichnung. Im Besitze der Frau Olga Martynoff. St. Petersburg.

1896

Landschaft mit Regenbogen. Miniaturaquarell. Im Besitze des Herrn Elias Ostrouchoff. Moskau.
Ein Märchen. Aquarell. Im Besitze des Herrn Lathmann. Deutschland.
Der heimliche Bote. Oel.
Der Wagenschuppen. Farbige Zeichnung.
Im Sommer. Aquarell. Im Besitze des Herrn Wladimir Hirschmann. Moskau.

Ein Mädchen. Studiezeichnung.

Bildnis der Frau Anna Benois. Pastell. Im Besitze des Herrn Alexander Benois.

Spaziergang nach dem Regen. Aquarell. Im Besitze des Herrn Sergius Botkin. St. Petersburg. *Tafel 1.*

Zwei Skizzen zum Bilde „Spaziergang nach dem Regen". Aquarelle.
    Nr. 1. Im Besitze des Herrn Elias Ostrouchoff. Moskau.
    Nr. 2. Im Besitze der Frau Jakuntschikoff. Moskau.

Bildnisstudie (Frau Nathalie Auber). Oel.

Ein Dorfweg. Aquarell. Im Besitze des Herrn Elias Ostrouchoff. Moskau.

Zwei Damen auf einer Terrasse. Aquarell. Im Besitze des Herrn Alexander Korovin. St. Petersburg. *Tafel 2.*

Zwei Zeichnungen nach dem Profil eines Mädchens.

Dame am Teiche. Oel. Im Besitze des Herrn Alexander Ratkoff-Roschnoff. St. Petersburg.

Im Mai. Pastelllandschaft. Im Besitze des Fräulein Valentine Somoff. St. Petersburg.

Im Frühling. Oelstudie. Im Besitze der Frau Eugenie Somoff. St. Petersburg.

Spaziergang im Schlossgarten. Aquarell. Im Besitze des Herrn Peter Baryschnikoff. St. Petersburg.

Abendlandschaft. Zeichnung. Im Besitze des Herrn Joseph Preobrajensky. St. Petersburg.

Die Wolken. Aquarell.

Im Mai. Pastellzeichnung.

Abendhimmel. Pastell.

Der Regenbogen. Aquarell. Im Besitze des Herrn Philipp Maliavin. Russland.

Am Springbrunnen. Aquarell. Im Besitze des Herrn Wladimir Kurbatoff. St. Petersburg.

Frau im Lilakleide. Aquarell.

1897

Ludmila im Zaubergarten. Oelskizze.

Der alte Teich. Aquarell. Im Besitze der Frau Nabokoff. St. Petersburg.

Der Sturm. Aquarell. Im Besitze des Fürsten Sergius Scherbatoff. Moskau.

Der Pavillon. Pastell. Im Besitze der Frau Anna Michailoff. St. Petersburg. *Tafel 3.*

Der Regenbogen. Pastellbild. Im Besitze der Galerie Athenaeum. Helsingfors. *Tafel 4.*

Baumstudie zum Bilde „Der Regenbogen". Zeichnung. Im Besitze des Herrn Bachruschin. Moskau.

Die Winterpromenade. Aquarell. Im Besitze des Herrn Ivan Trojanovsky. Moskau. *Tafel 5.*

Bildnis des Vaters des Künstlers. Oel.

Studie zum Bilde „Die Weisse Nacht". Aquarell. Im Besitze des Herrn Wladimir von Meck. Moskau.

Skizze zum Bilde „Die Weisse Nacht". Aquarell. Im Besitze der Frau L. E. Amsinck. Deutschland.

Vertrauliche Mitteilungen. Oel. Im Besitze des Herrn Ivan Morosoff. Moskau. *Tafel 6.*

Der Ritt. Aquarell. Im Besitze der Gräfin E. Olssufieff. St. Petersburg. *Tafel 7.*

Zwielicht. Pastell. Im Besitze der Galerie Tretiakoff. Moskau.

Sommertheater im 18. Jahrhundert. Aquarellskizze.

Aus St. Petersburg. Aquarellskizze. Im Besitze des Herrn Dr. W. von Seydlitz. Deutschland.

Landschaft mit Regenbogen. Aquarell. Im Besitze des Herrn Ludwig Dettmann. Königsberg in Pr.

Zwielicht im Sommer. Im Besitze der Frau Evreinoff. St. Petersburg.

Im Park von Versailles. Pastell. Im Besitze des Herrn Ivan Trojanovsky. Moskau.

Allee im Versaillespark. Pastell. Im Besitze des Herrn Alexis Langovoi. Moskau.

Im August. Aquarellbild. Im Besitze der Frau Bertha Waerndörfer Wien. *Tafel 8.*
In Fontainebleau. Pastellskizze. Im Besitze des Herrn Eugen Geiger. Karlsruhe.
Plakat für die Ausstellung russischer und finnischer Künstler. St. Petersburg 1898. Gouache.
Skizze zum Bilde „Der Ritt". Aquarell. Im Besitze der Frau Tatiana Veliascheff. Russland.
Skizze zum Bilde „Das Landhaus". Aquarell. Im Besitze der Frau Tatiana Veliascheff. Russland.

1898

Zwei Skizzen zur Erzählung Th. Gautiers „Le chien de la marquise". Aquarelle.
    Nr. 1. Im Besitze des Herrn Walter Rathenau. Deutschland.
    Nr. 2. Im Besitze des Herrn Bachruschin. Moskau.
In der Kinderstube. Pastell. Im Besitze des Fürsten Sergius Scherbatoff. Moskau. *Tafel 10.*
Die Poeten. Pastellbild. *Tafel 11.*
Selbstbildnis. Aquarell. *Tafel 9.*
Das Landhaus. Pastellbild. Im Besitze der Frau Felicie Bernstein. Berlin. *Tafel 12.*
Dichter und Muse. Aquarell. Im Besitze der Frau Felicie Bernstein. Berlin.
Herbst im Versaillespark. Aquarell. Im Besitze der Frau Anna Ostroumoff-Lebedeff. St. Petersburg.
Ruhe im Walde. Oelbild. Im Besitze der Fürstin Marie Tenischeff. Paris. *Tafel 13.*
Drei Illustrationen zu Puschkins „Graf Nulin". Im Besitze des Fürsten Sergius Scherbatoff. Moskau.
Vignetten und Zierleisten.

1899

Vignette zu Puschkins „Das Fräulein-Bäuerin". Aquarell.

Studie zum Bilde „Die Weisse Nacht". Farbige Zeichnung. Im
  Besitze des Herrn Sergius Botkin. St. Petersburg.
Kopf eines Kindes. Rötelzeichnung.
Bildnis Puschkins. Miniaturaquarell. Im Besitze des Herrn Wladimir
  Hirschmann. Moskau. *Tafel 14.*
Badende Frauen. Oelbild. Im Besitze der Frau Morosoff. Moskau.
  Tafel 15.
Frühling im Versaillespark. Aquarellierte Zeichnung. Im Besitze
  des Herrn Valentin Seroff. Moskau.
Im Luxembourggarten. Kolorierte Zeichnung.
Im Bosquet. Aquarellbild. Im Besitze des Grossfürsten Wladimir
  Alexandrovitch. St. Petersburg.
Zwei Titelblätter für die Zeitschrift „Mir Iskustwa".
Morgen im Garten. Oelbild. Im Besitze der Galerie Tretiakoff.
  Moskau.
Die Sultanin. Aquarellkomposition für ein Lackkästchen der Fabrik
  Lukutin. Im Besitze des Fürsten Scherbatoff. Moskau.
Alter Park. Pastell. Im Besitze des Herrn Ivan Morosoff. Moskau.

1900

Bildnis der Frau Eugenie Bogoljuboff. Oel.
Bildnis der Frau Anna Michaïloff, der Schwester des Künstlers. Oel. *Tafel 16.*
Dame in Blau. (Bildnis des Fräulein Elisabeth Martynoff.)
  Oel. Im Besitze der Galerie Tretiakoff. Moskau. *Tafel 17.*
Vor dem Sonnenuntergang. Oelstudie.
Wäldchen am Meere. Oelstudie.
Bürgerliches Idyll. Oel. Im Besitze des Herrn Ivan Morosoff.
  Moskau. *Tafel 18.*
Der Acker. Oelstudie.
Die Liebesinsel. Oelbild. Im Besitze des Herrn Wladimir von Meck.
  Moskau. *Tafel 19.*
Die Weisse Nacht. Pastellbild. Im Besitze des Herrn Gallia. Wien.

Das Meerreich. Motiv für einen Goldschmied. Aquarell.

Frühling am Meeresstrande. Oelstudie. Im Besitze des Herrn Ivan Morosoff. Moskau.

Die Wolken. Oelstudie. Im Besitze des Herrn Ivan Morosoff. Moskau.

Vier Vignetten und ein Titelblatt für die Zeitschrift „Les trésors d'art en Russie". Daraus zwei Vignetten, *Seite 21 und 43*.

Drei Theaterzettel für das Kaiserliche Ermitagetheater. Im Besitze der Direktion der Kaiserlichen Theaters in St. Petersburg. Die Umrahmung des einen auf dem *Titelblatt*.

1901

Balkon. Oelbild. *Tafel 20*.

Migräne. Miniaturgouache. Im Besitze des Herrn Alexander Benois. St. Petersburg. *Tafel 21*.

Bildnis des Fräulein Anna Ostroumoff. Oel. Im Besitze der Frau Anna Ostroumoff-Lebedeff. St. Petersburg. *Tafel 22*.

Aquarellstudie zum Bildnis des Fräulein Marie Semitschoff.

Kapuzinerblumen. Oelstudie. Im Besitze der Frau Marie Botkin. St. Petersburg.

Liebende Herzen. Aquarellbild. Im Besitze der Frau Anna Ostroumoff-Lebedeff. St. Petersburg. *Tafel 23*.

Drei ex-libris, darunter das des Herrn Sergius Michaïloff, *Seite 55*.

Drei Vignetten.

Oranienbaum spät abends. Aquarell. Im Besitze des Herrn Sergius Botkin. St. Petersburg.

Daphnis und Chloe. Aquarellskizze. Im Besitze des Herrn Lew Bokst. St. Petersburg.

Nevsky Prospekt in den zwanziger Jahren des 19. Jahrhunderts (nach Gogol). Zeichnung. Im Besitze des Herrn Peter Kontschalovsky. Moskau.

Illustration zu Gogols Erzählung „Das Bildnis". Kolorierte Zeichnung. Im Besitze des Herrn Dimitry Jukovsky. St. Petersburg.

Nordblumen für das Jahr 1901. Titelblatt für einen Dichteralmanach. Im Besitze des Herrn Sergius Poliakoff. Moskau.

Titelblatt für das Buch „D. Levitsky". Im Besitze des Herrn Sergius Diaghilew. St. Petersburg.

1902

Selbstbildnis. Bleistiftzeichnung. Im Besitze des Fürsten Sergius Scherbatoff. Moskau.

Selbstbildnis. Kolorierte Zeichnung. Im Besitze des Herrn Wladimir von Meck. Moskau. *Tafel 24.*

Bildnis des Fräulein Sophie Ostroumoff. Pastell. Im Besitze der Frau Sophie Sänger. Russland.

Die Zauberei. Gouachebild. Im Besitze des Herrn Sergius Botkin. St. Petersburg. *Tafel 25.*

Der Abend (Conversation galante). Oelbild. *Tafel 26.*

Fächerentwurf. Kolorierte Zeichnung.

Vier ex-libris, darunter das für Frau Sophie Sänger, *Seite 14.*

Am Springbrunnen. Miniaturzeichnung. Im Besitze des Fürsten Wladimir Argutinsky-Dolgorukoff. St. Petersburg.

Der Regen. Miniaturaquarell. Im Besitze der Frau Alexandra Botkin. St. Petersburg.

Theaterzettel zu einer Gala-Vorstellung in Peterhof. Im Besitze der Direktion der Kaiserlichen Theater. St. Petersburg.

Ein Theaterzettel „Maske und Liebespaar". Aquarell.

Titelblatt zum Buche „Zarskoje Selo". Aquarell. Im Besitze des Fürsten Sergius Scherbatoff. Moskau.

Weinranken. Titelblatt für die Zeitschriften „Mir Iskustwa" 1903 und „Kunst und Künstler" 1903.

Eine Maske. Miniaturaquarell. Im Besitze des Herrn Wladimir von Meck. Moskau.

Die Ohnmacht. Miniaturaquarell. Im Besitze des Herrn Wladimir Hirschmann. Moskau.

Aquarellkomposition für ein Juwelierkästchen.

Titelblatt und 14 Vignetten für den Dichteralmanach „Nordblumen für das Jahr 1902". Im Besitze des Herrn Sergius
Poliakoff. Moskau.

Die fliegende Muse. Miniaturaquarell. Im Besitze des Herrn
V. Grossmann. St. Petersburg.

Damen-Sommerkleid. Kolorierte Modezeichnung. Im Besitze des
Herrn W. von Meck. Moskau.

Damen-Abendtoilette. Kolorierte Modezeichnung. Im Besitze des
Herrn Wladimir von Meck. Moskau.

Damen-Negligé. Kolorierte Modezeichnung. Im Besitze des Grafen
Dimitry Tolstoi. St. Petersburg.

Im Gartenrestaurant. Aquarellskizze. Im Besitze des Herrn Dr. W.
von Seydlitz. Deutschland.

1903

Sigisbeo. Aquarell. *Tafel 28*.

Elegantes Paar. Aquarell.

Die alte Herrin. Aquarellbild. Im Besitze der National-Galerie.
Berlin. *Tafel 29*.

Echo du temps passé. Aquarellbild. Im Besitze des Herrn Ivan
Morosoff. Moskau. *Tafel 30*.

Kurtisanen. Aquarellbild. Im Besitze des Herrn Ivan Morosoff.
Moskau. *Tafel 27*.

Titelblatt für die Zeitschrift „Das Theater". Verlag B. Cassirer,
Berlin.

Die Verführung oder die Liebesgier. Aquarell. Im Besitze des
Herrn Alexander Korovin. St. Petersburg.

Im Bette. Miniaturaquarell. Im Besitze des Herrn Peter Baryschnikoff.
St. Petersburg.

Im Bette. Miniaturaquarell.

Der Kuss. Silhouette. *Tafel 31*.

Die Weinlese. Miniaturaquarell. Im Besitze des Fürsten Sergius
Scherbatoff. Moskau.

Dame in einer Loge, maskiert. Aquarell. Im Besitze des Herrn Elias Ostouchoff. Moskau.
Schlafendes Mädchen. Aquarell. Im Besitze des Herrn Wladimir Hirschmann. Moskau. *Tafel 32.*
Dame mit Fächer. Aquarell. Im Besitze des Herrn Wladimir Hirschmann. Moskau. *Tafel 33.*
Zwei Aquarellvignetten für das Buch „Zarskoje Selo".
Umrahmung für ein Diplom. Aquarell.
Die letzte Puppe. Aquarell. Im Besitze d. Herrn Ivan Trojanofsky. Moskau.
Titelblatt für den zweiten Band des Buches: „Russische Malerei im 18. Jahrhundert". Aquarell.
Titelblatt für Nr. 2 der Zeitschrift „La Toison d'or" 1906. Aquarell. Im Besitze des Herrn Nicolai Riabuschinsky. Moskau.
Vignette aus Paul Cassirers Katalog der Kollektion C. Somoff, Seite 11.
Die alternde Kokette. Miniaturaquarell. Im Besitze des Herrn F. Schechtel. Moskau.

1904

Die Tage der Woche. 7 Aquarellvignetten für Postkarten.
Bildnis des Fräulein Elisabeth Zwanzoff. Oel.
Aquarellstudie zum Bildnis des Fräulein Elisabeth Ostoumoff.
Der Eingang in den Park. Miniaturaquarell. Im Besitze des Fürsten Sergius Scherbatoff.
Der Kuss. Aquarellvignette für die Zeitschrift „Jugend". Im Besitze des Herrn Alexis Langovoi. Moskau. *Tafel 34.*
Des Gärtners Geschenk. Aquarell. Im Besitze des Herrn Peter Baryschnikoff. St. Petersburg.
Neujahr. Aquarell. Im Besitze d. Herrn Ivan Trojanovsky. Moskau. *Tafel 35.*
Feuerwerk. Gouache. Im Besitze des Herrn Ivan Trojanovsky. Moskau. *Tafel 36.*
Feuerwerk. Miniaturaquarell. Im Besitze des Herrn Eugen Lanceray. St. Petersburg.
Kopf eines Mädchens. Zeichnung. Im Besitze des Herrn Ivan Morosoff. Moskau. *Tafel 37.*

Eine Dame. Zeichnung. Im Besitze des Herrn Sergius Botkin. St. Petersburg.
Im Sommer. Miniaturaquarell. Im Besitze des Fürsten Sergius Scherbatoff. Moskau.
Badende Frauen. Aquarellskizze. Im Besitze des Herrn Ivan Morosoff. Moskau.

1905

Im Frühling. Miniaturaquarell. Im Besitze des Herrn Ivan Trojanovsky. Moskau.
Im Herbst. Miniaturaquarell. Im Besitze des Herrn Alexander Korovin. St. Petersburg.
Im Winter. Miniaturaquarell. Im Besitze des Herrn Peter Baryschnikoff. St. Petersburg.
Das Liebespaar. Porzellangruppe. Vier Bemalungen. *Tafel 38.*
    Nr. 1. Im Besitze der Kaiserlichen Porzellanmanufaktur in St. Petersburg.
    Nr. 2. Im Besitze des Herrn Peter Baryschnikoff. St. Petersburg.

1906

Liebestraum. Miniaturaquarell. Im Besitze des Herrn Ivan Trojanovsky. Moskau. *Tafel 40.*
Dame mit der Maske. Porzellanfigur. Drei Bemalungen. *Tafel 39.*
    Nr. 1. Im Besitze der Kaiserlichen Porzellanmanufaktur in St. Petersburg.
    Nr. 2. Im Besitze des Herrn Peter Baryschnikoff. St. Petersburg.
    Nr. 3. Im Besitze des Fürsten Scherbatoff. Moskau.
Auf einem Felsen. (Der Verliebte.) Porzellangruppe. Vier Bemalungen.
    Nr. 1. Im Besitze der Kaiserlichen Porzellanmanufaktur in St. Petersburg.
    Nr. 2. Im Besitze des Herrn Nicolai Riabuschinsky. Moskau.
Vier Vignetten für die Zeitschrift „La Toison d'or". Im Besitze des Herrn Nicolai Riabuschinsky in Moskau, eine davon *Seite 28*.
Zwei Einbandzeichnungen für die Sammlung „Hortus Deliciarum". Aquarell. Verlag Julius Bard, Berlin.

Goethe, Amor und Muse. Titelblatt für Goethes Tagebuch der Italienischen Reise. Verlag Julius Bard, Berlin.
Bildnis des Dichters Venceslas Ivanoff. Kolorierte Zeichnung. Im Besitze des Herrn Nicolai Riabuschinsky. Moskau.
Vignette zu den Programmen für das Theater des Fräuleins Kommissarjevsky.
Titelblatt und zwei Vignetten für die Erzählung „Die Abenteuer des Aimé Lebeouf" von M. Kuzmin.

1907

Ex-libris Victor Obninsky. Aquarell. Im Besitze des Herrn V. Obninsky. Russland.
Der Zaubergarten. Aquarell. Im Besitze des Herrn Peter Baryschnikoff. St. Petersburg.
Bildnis des Malers Eugen Lanceray. Kolorierte Zeichnung. Im Besitze des Herrn Nicolai Riabuschinsky. Moskau.
Der Feuervogel. Titelblatt zu den Gedichten von Constantin Balmont. Aquarell.
Titelblatt „Das Theater". Aquarell.
Titelzeichnung für „Das Lustwäldchen". Verlag H. v. Weber, München.
Bildnis des Dichters Alexander Block. Kolorierte Zeichnung.
Das Feuerwerk. Aquarell.
Liebeslust. Aquarell.
Der schelmische Amor. Aquarell.
Das Feuerwerk. Eine Federzeichnung.
Liebeslust. Eine Federzeichnung.
Marquise und Amor. Eine Federzeichnung.
Liebeslehre. Eine Federzeichnung.
Marquise und Pierrot. Eine Federzeichnung.
Initial und Vignette, eigens entworfen für das vorliegende Werk, *Seite 7 und 32.*
Außerdem 13 Vignetten und 1 Umrahmung.

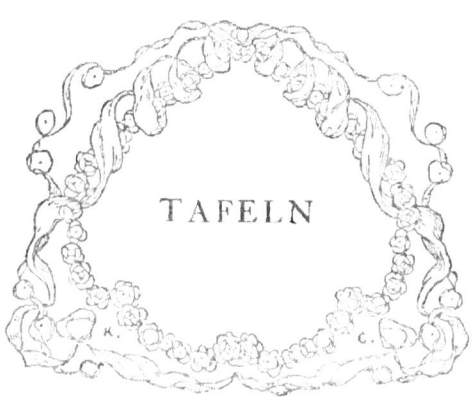

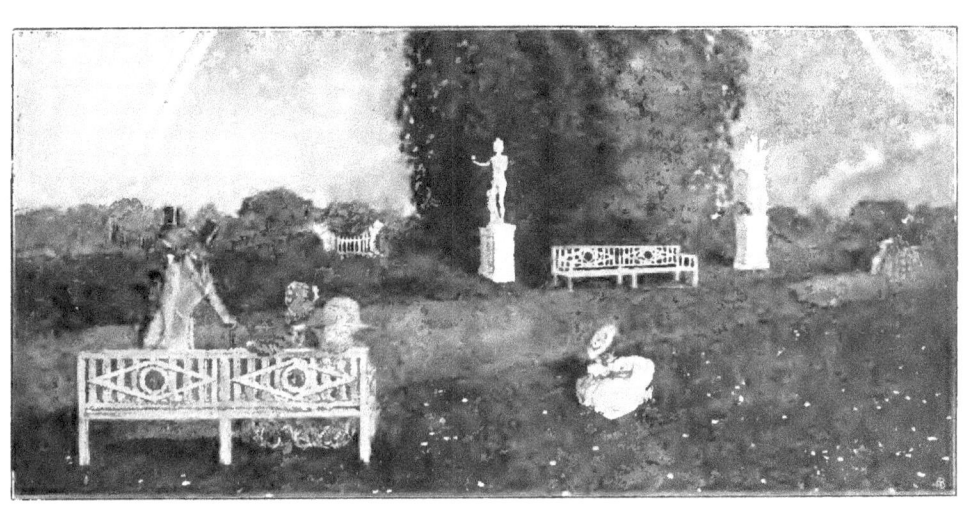

*1
Spaziergang nach dem Regen*

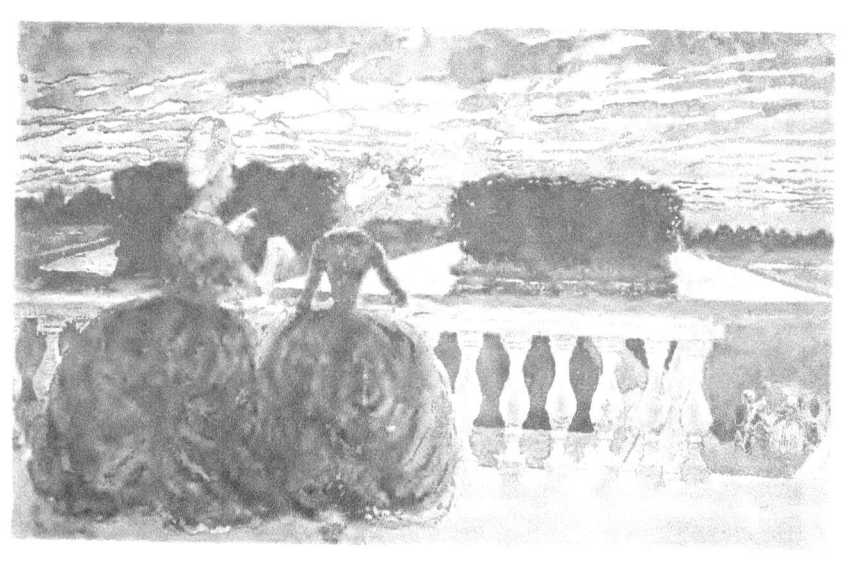
2
Zwei Damen auf einer Terrasse

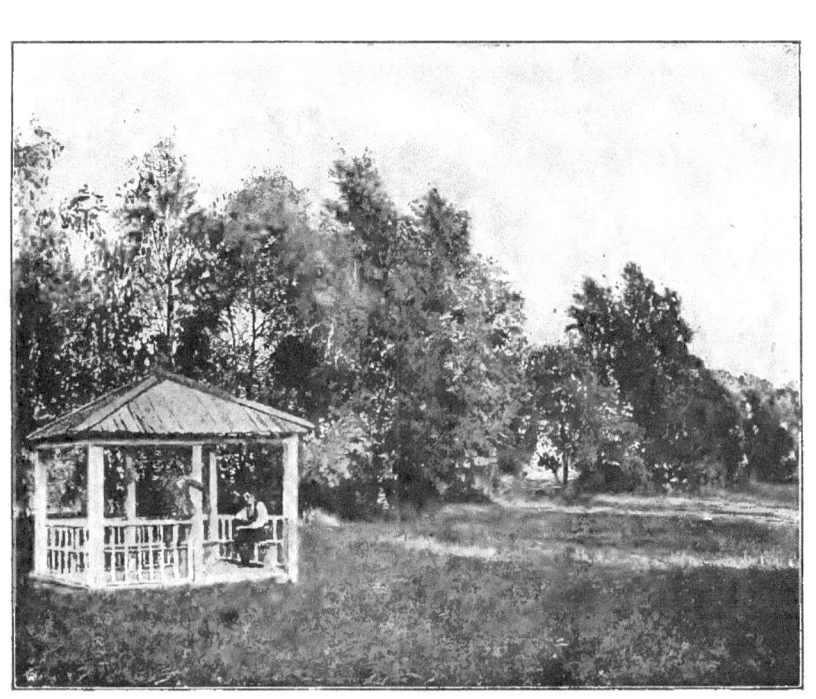

3
Der Pavillon

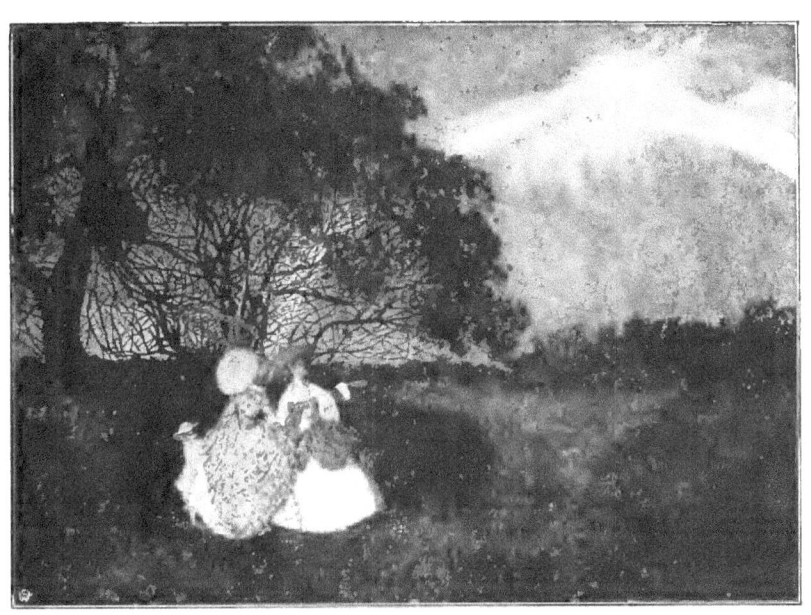

4
Der Regenbogen

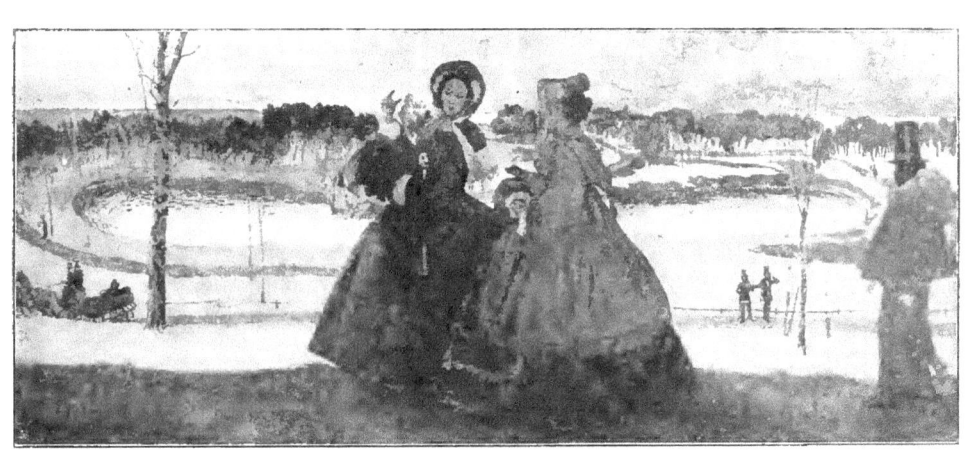

5
Winterpromenade

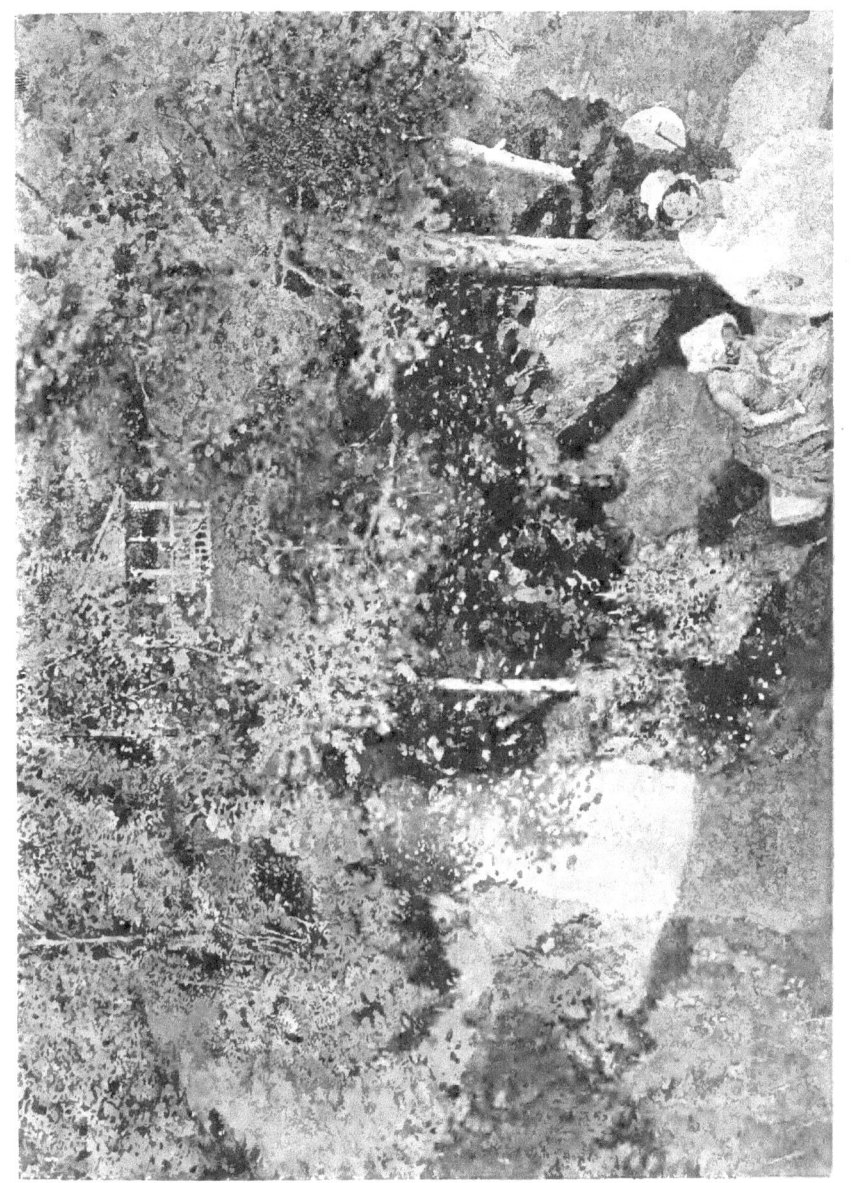

Vertrauliche Mitteilung

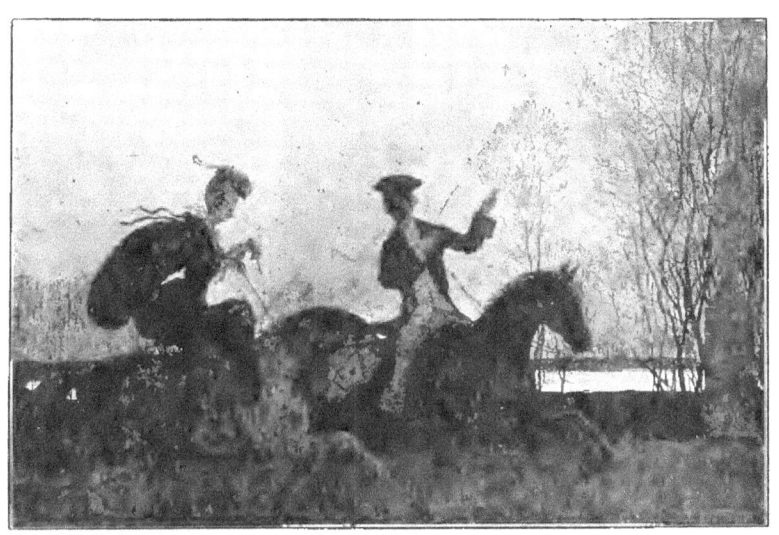

7
Der Ritt

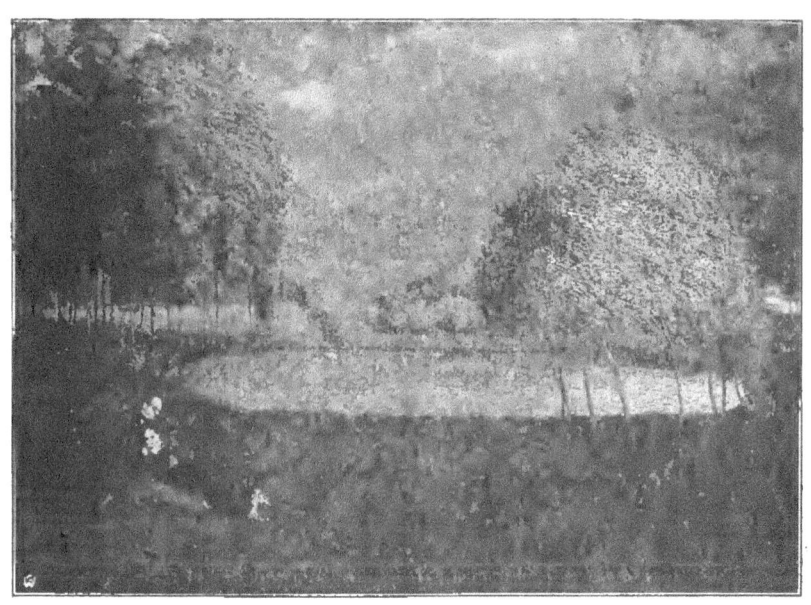

8
Im August

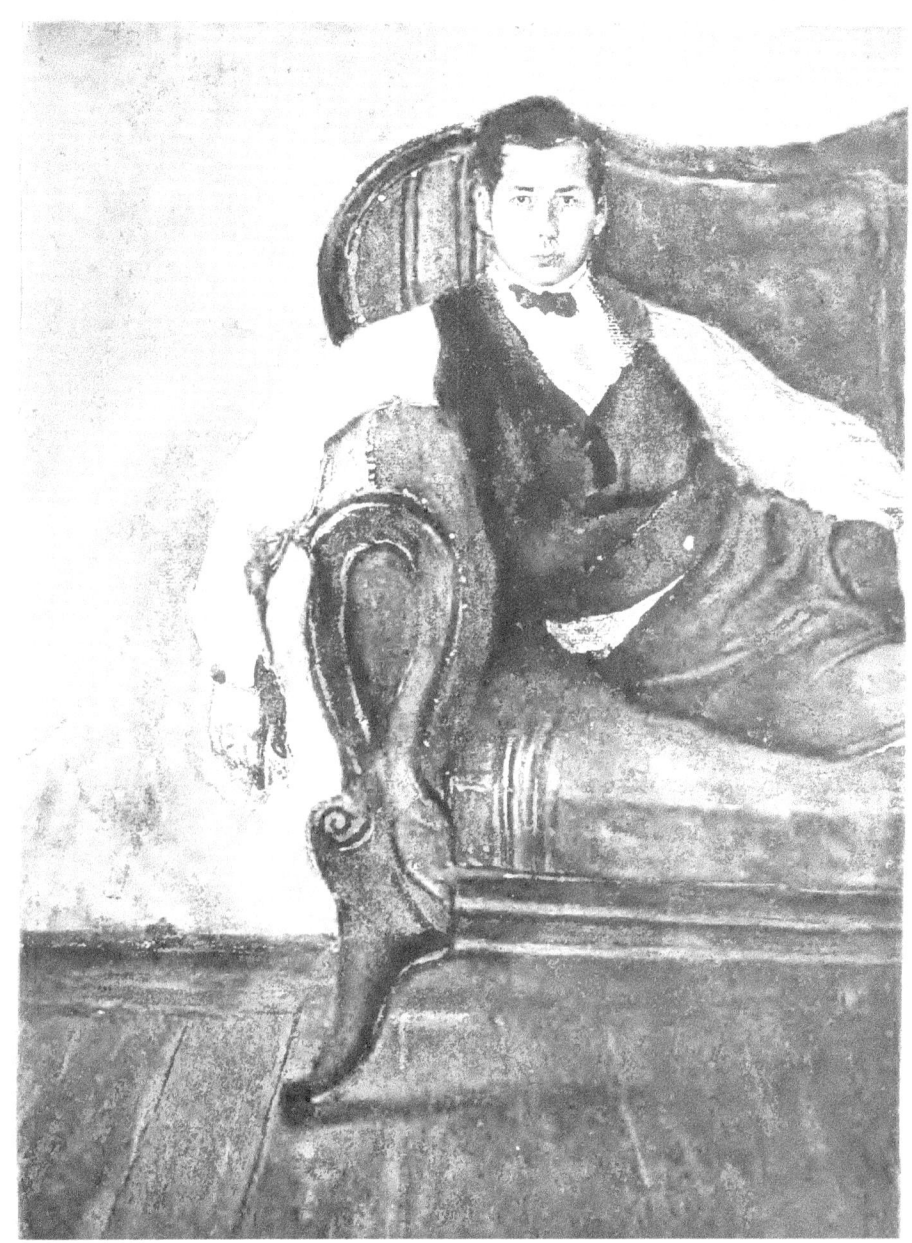

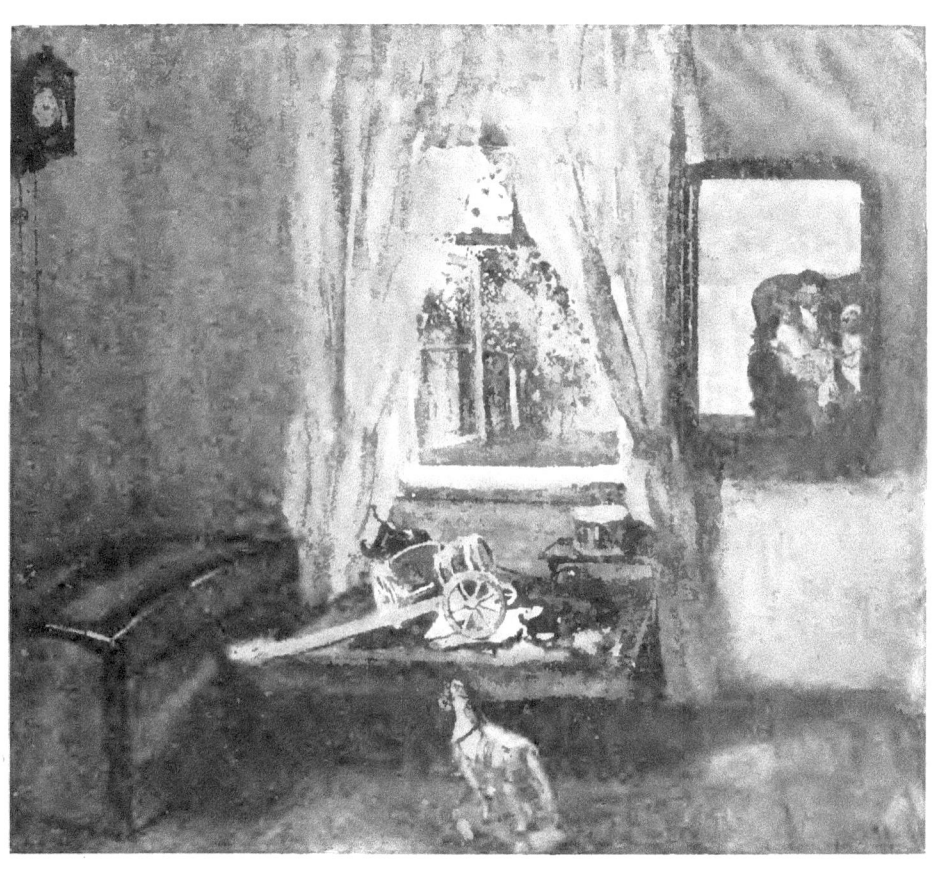

10
In der Kinderstube

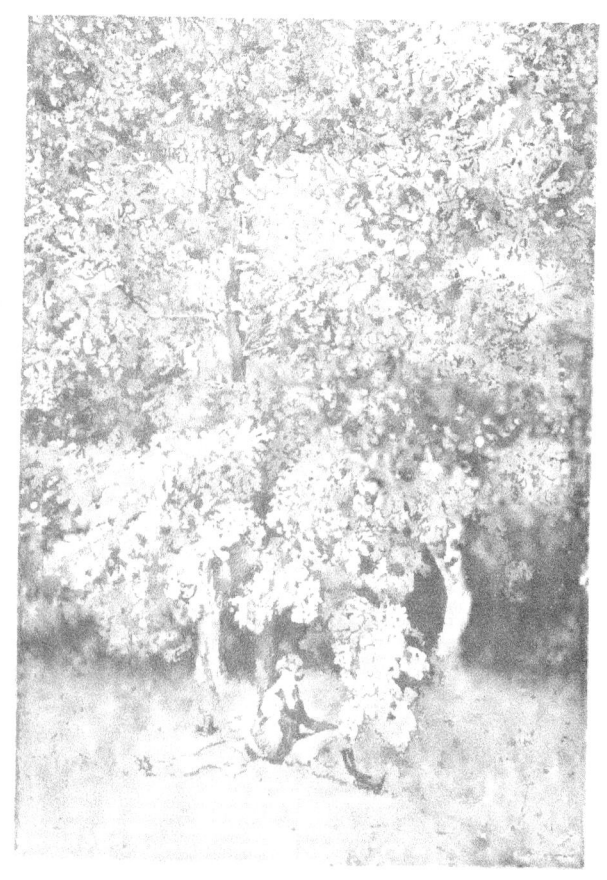

11
Die Poeten

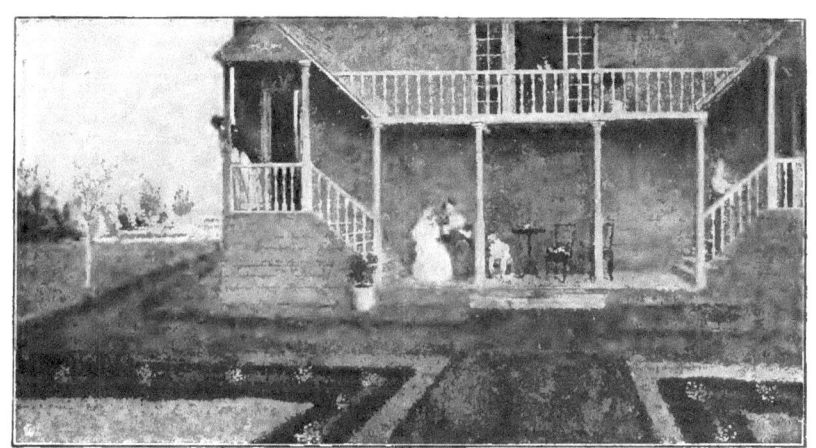

12
Das Landhaus

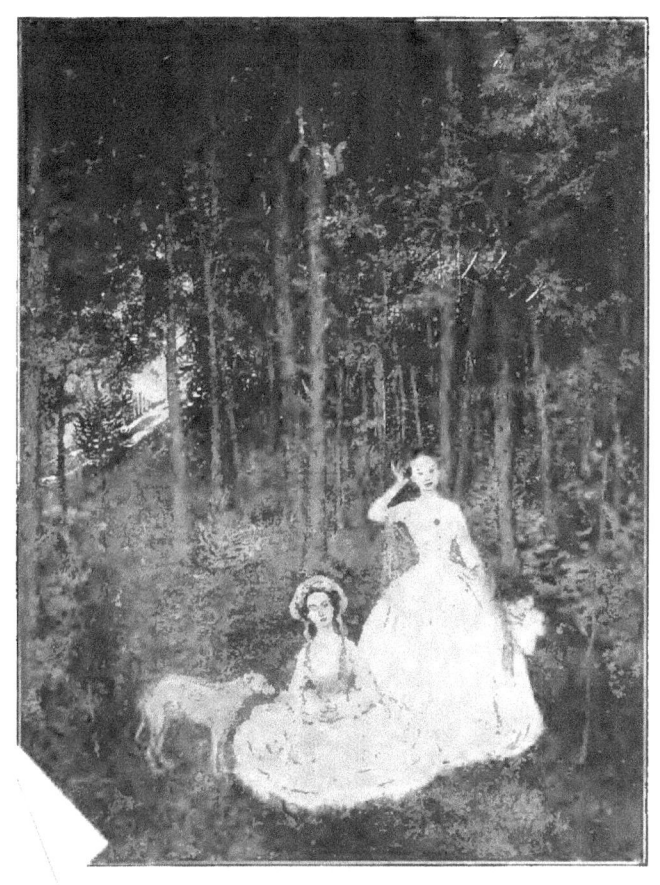

13
Ruhe im Walde

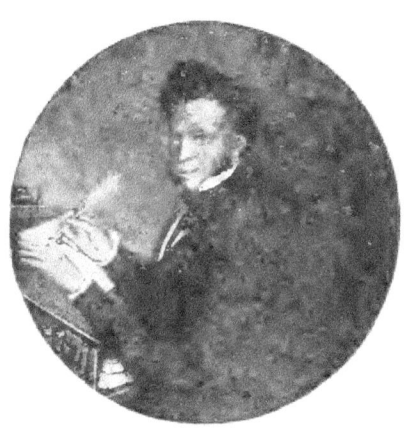

14
Bildnis Puschkins

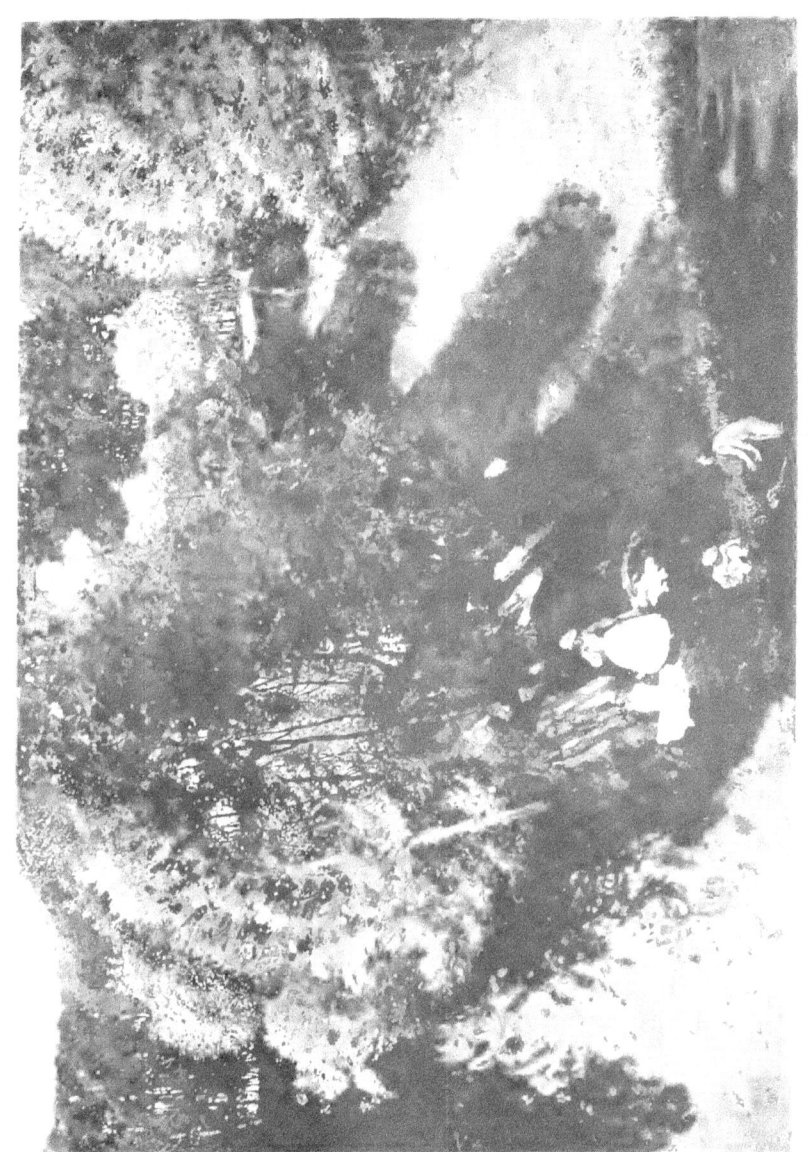

15.
Badende Frauen

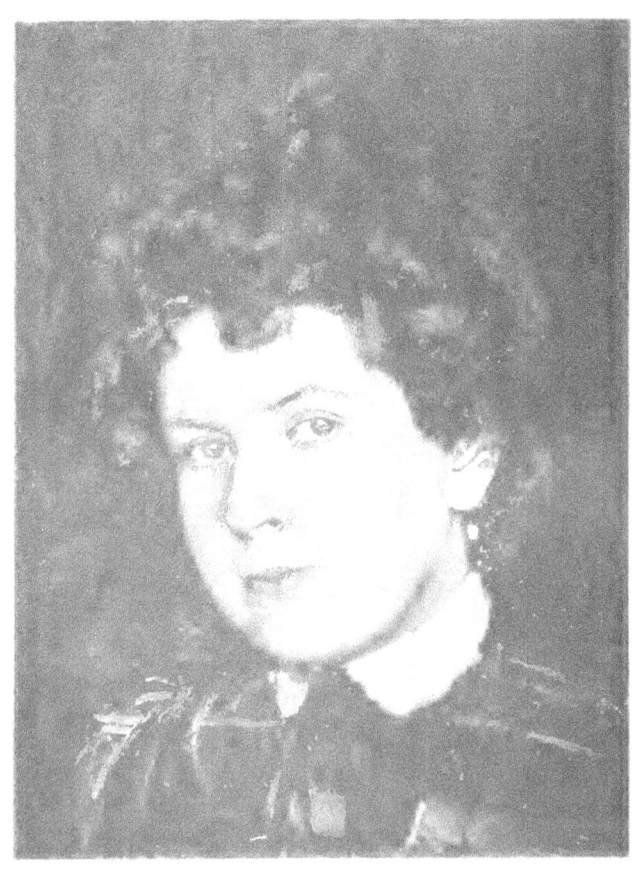

16
Bildnis der Schwester des Künstlers, Frau Michailoff

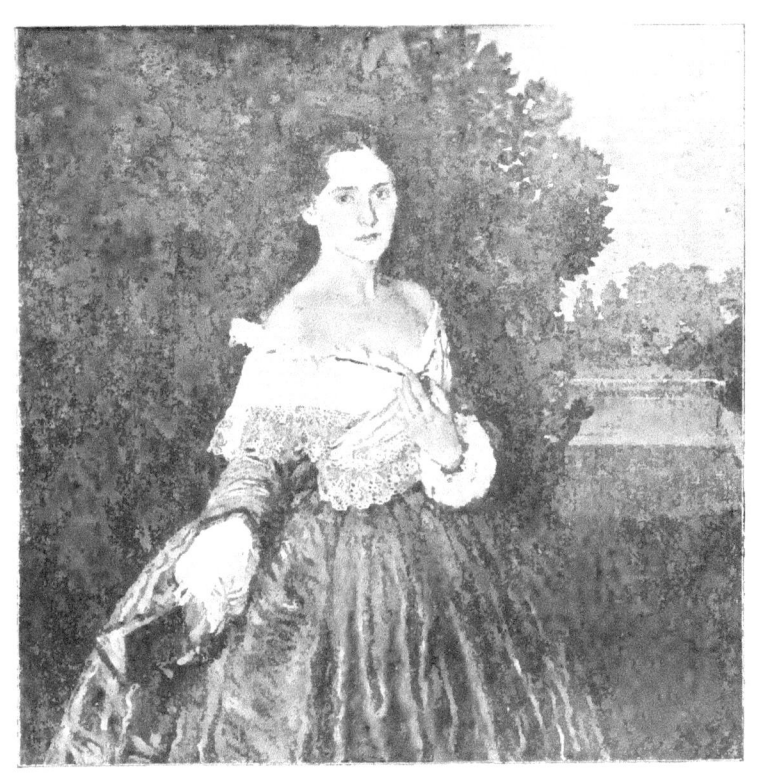

17
Dame in Blau

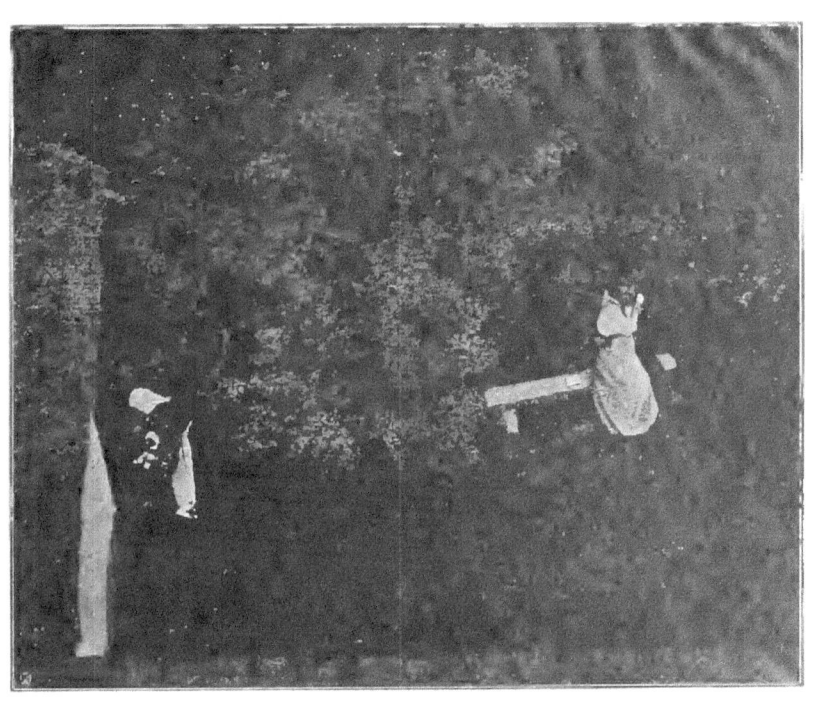

18
Bürgerliches Idyll

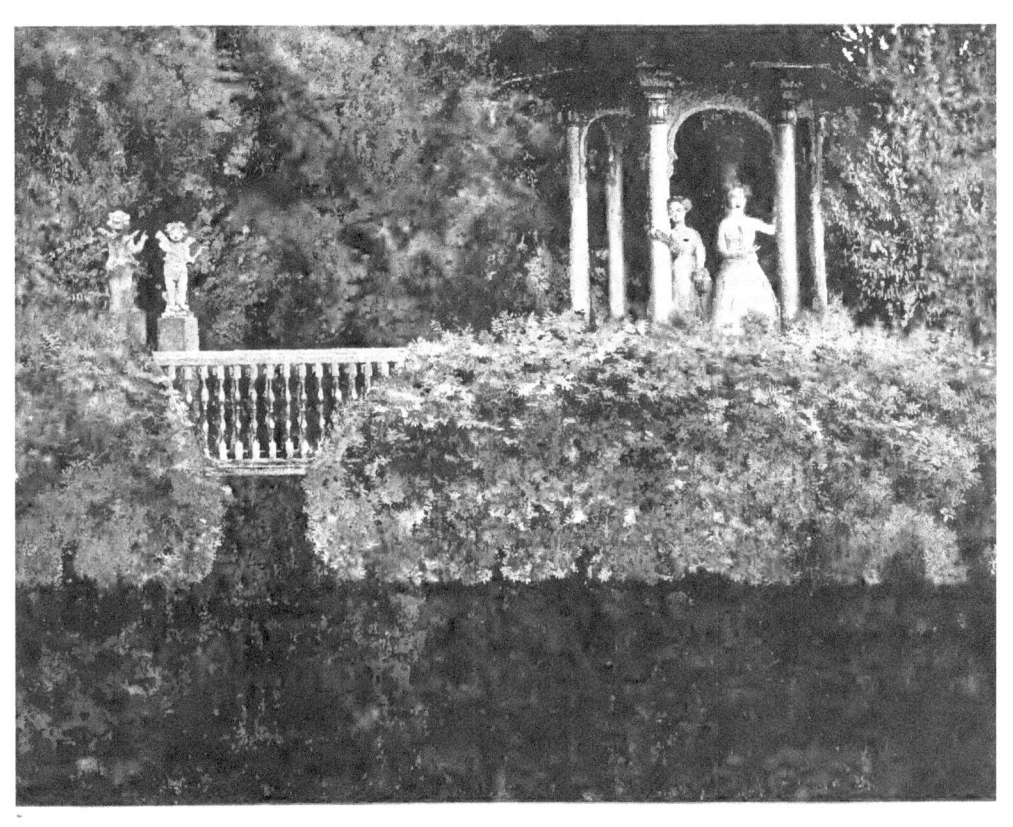

19
Die Liebesinsel

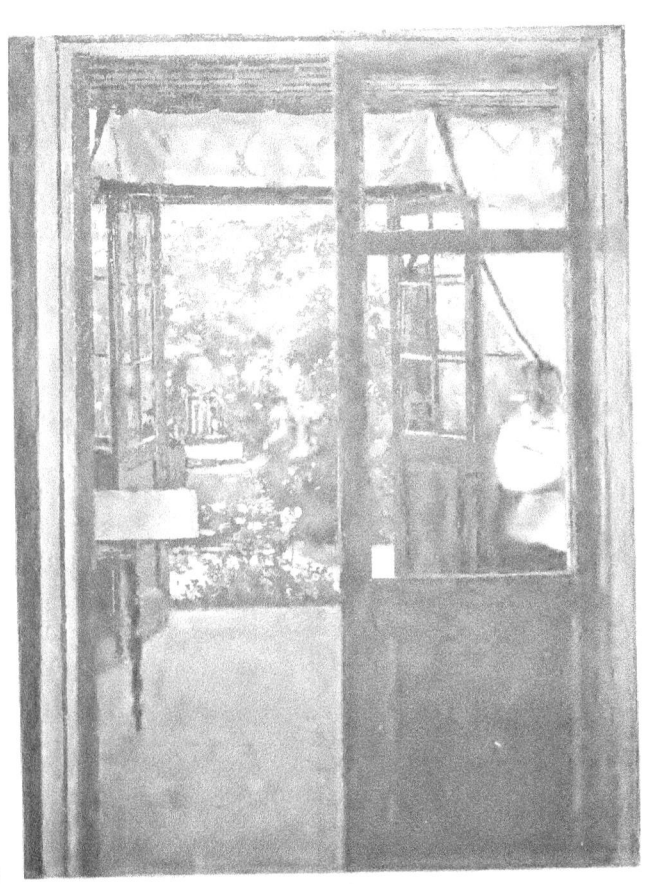

20
Ein Balkon

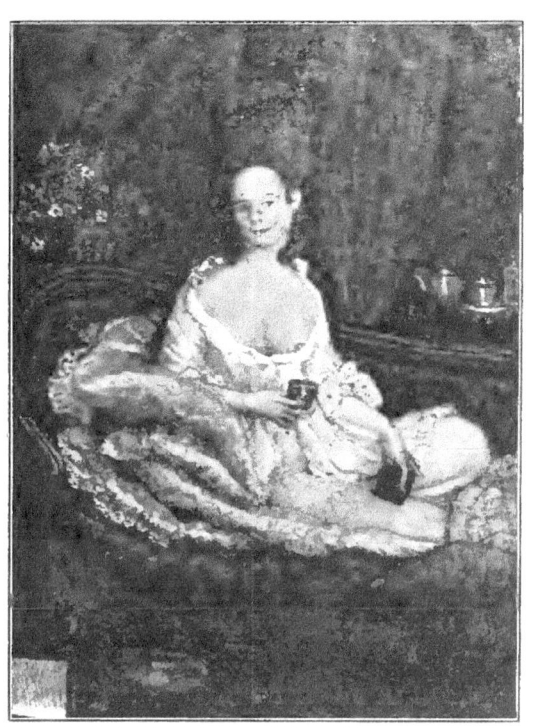

21
Migräne

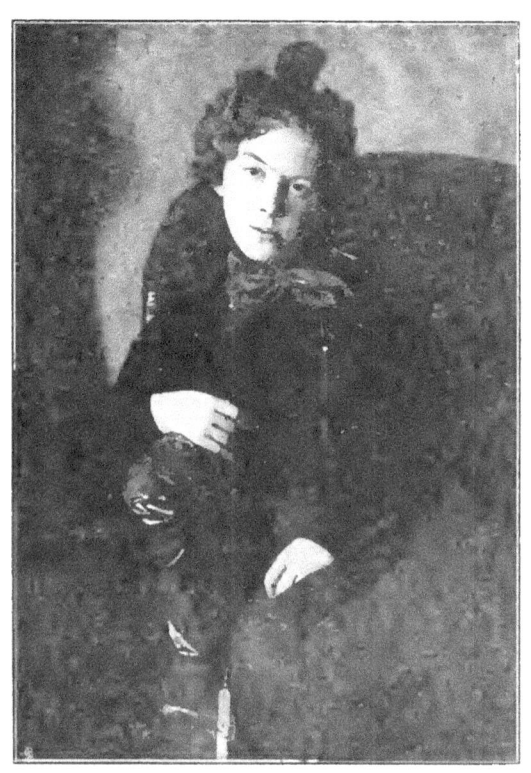

22
Bildnis des Fräulein Anna Ostroumoff

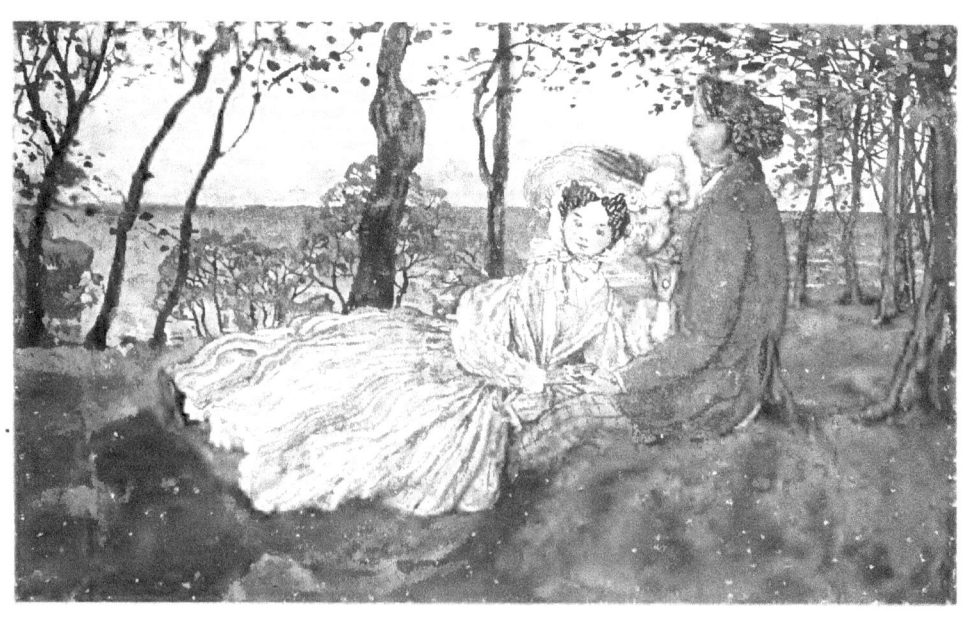

23
Liebende Herzen

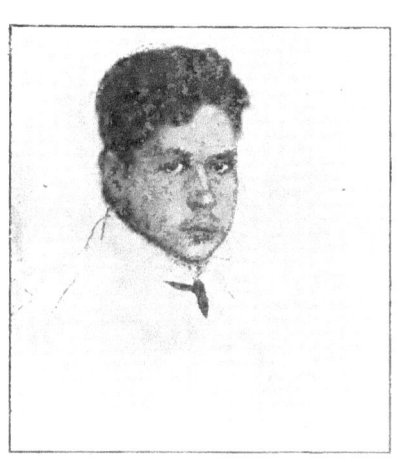

24
Selbstbildnis (Kolorierte Zeichnung)

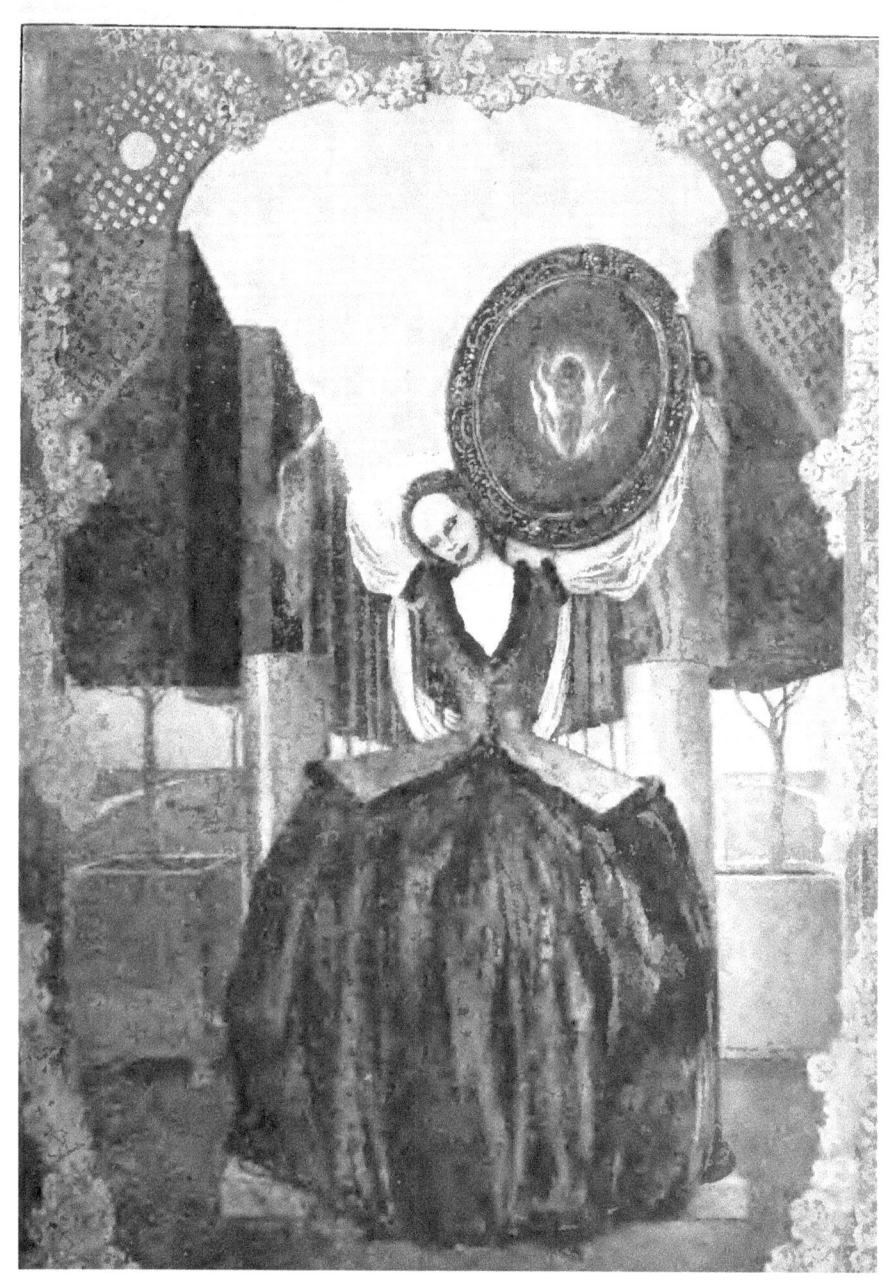

26
Conversation Galante

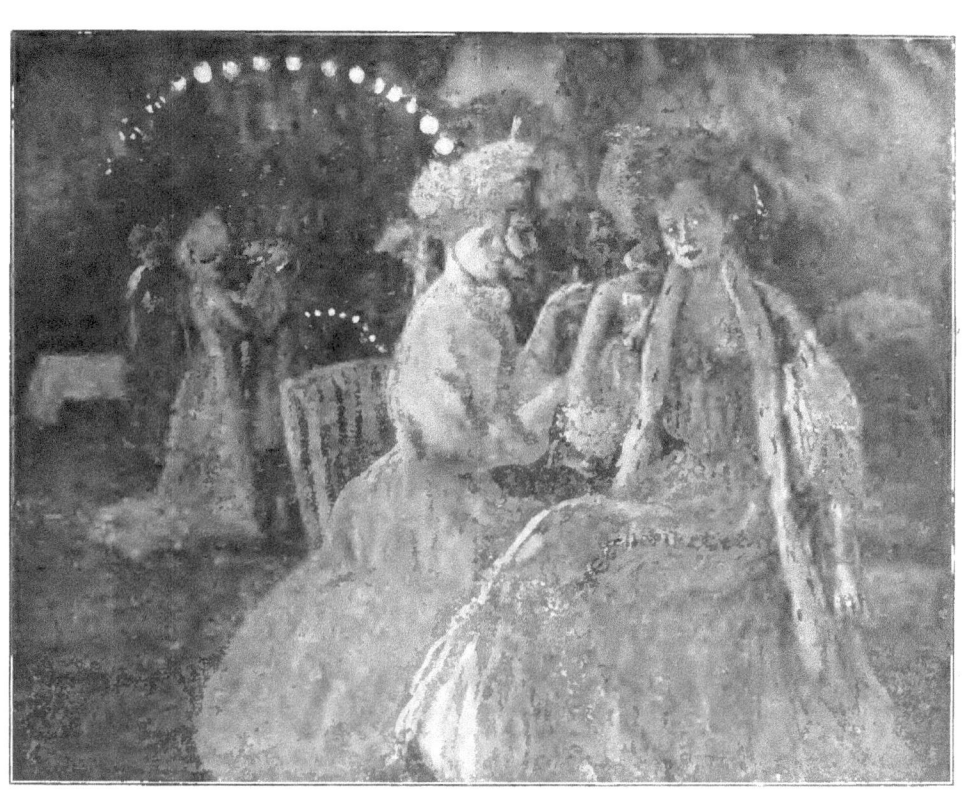

27
Im Gartenrestaurant

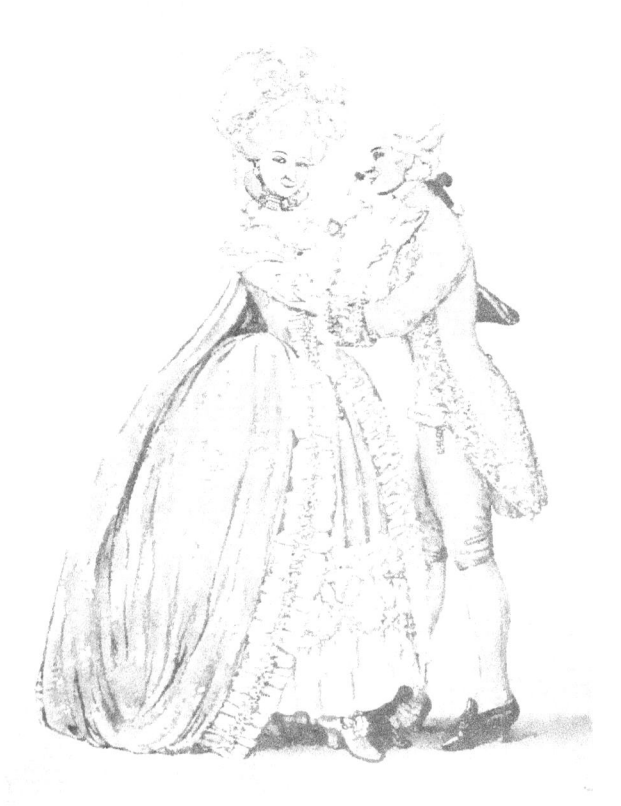

28
Sigisbeo

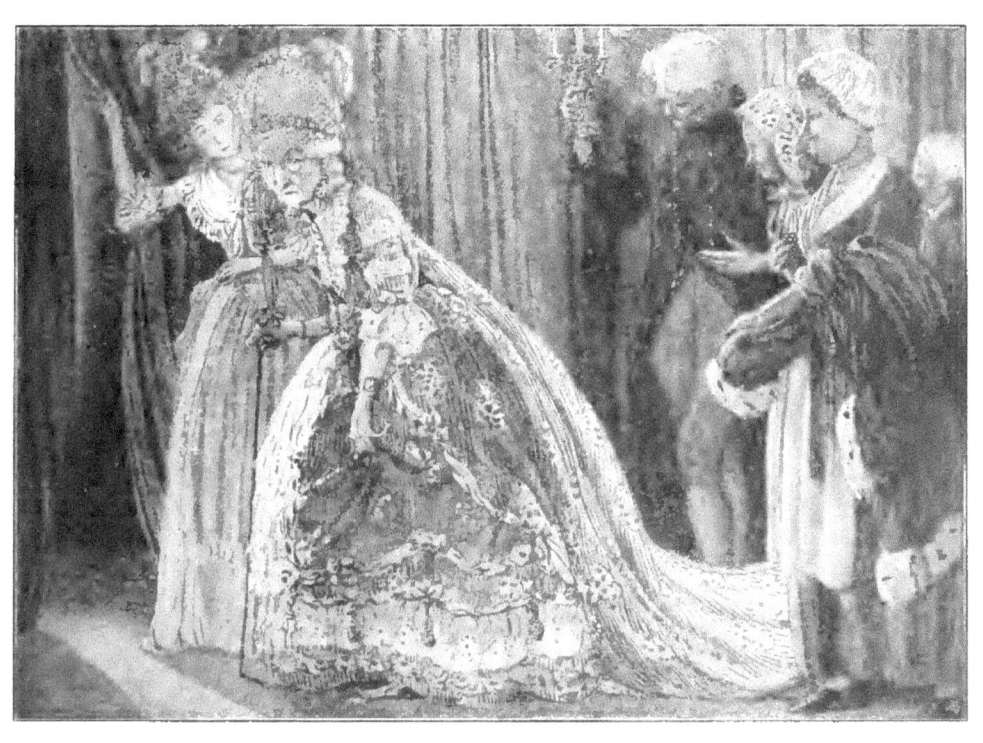

29
Die alte Herrin

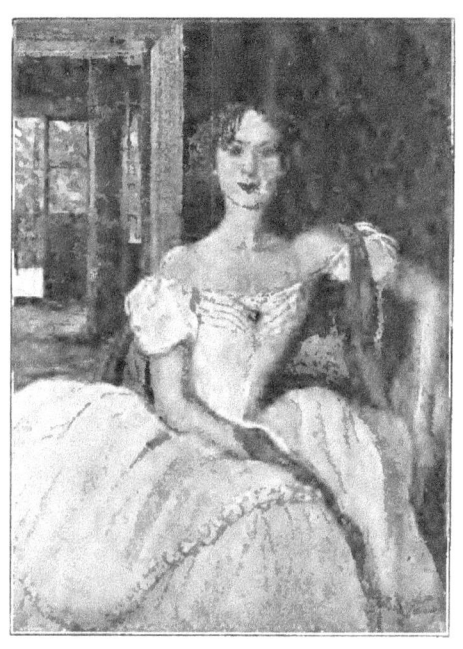

*30
Echo du temps passé*

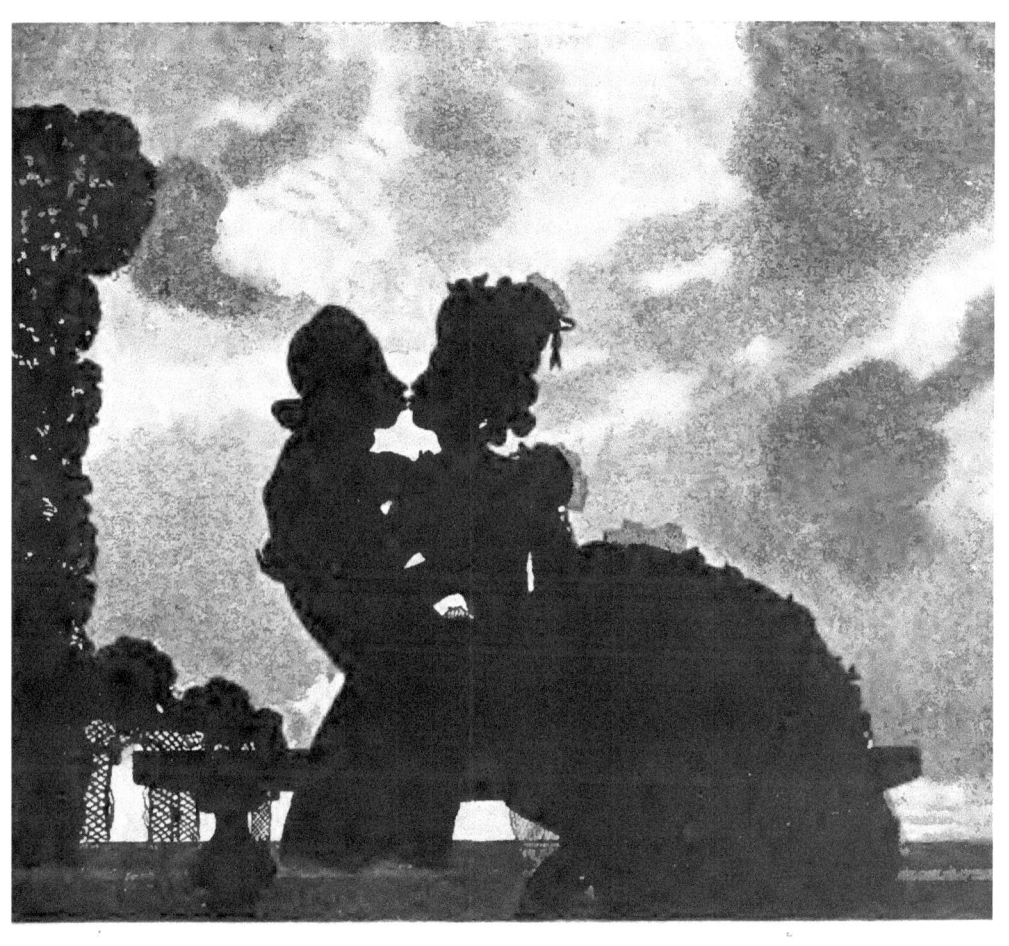
31
Der Kuss (Silhouette)

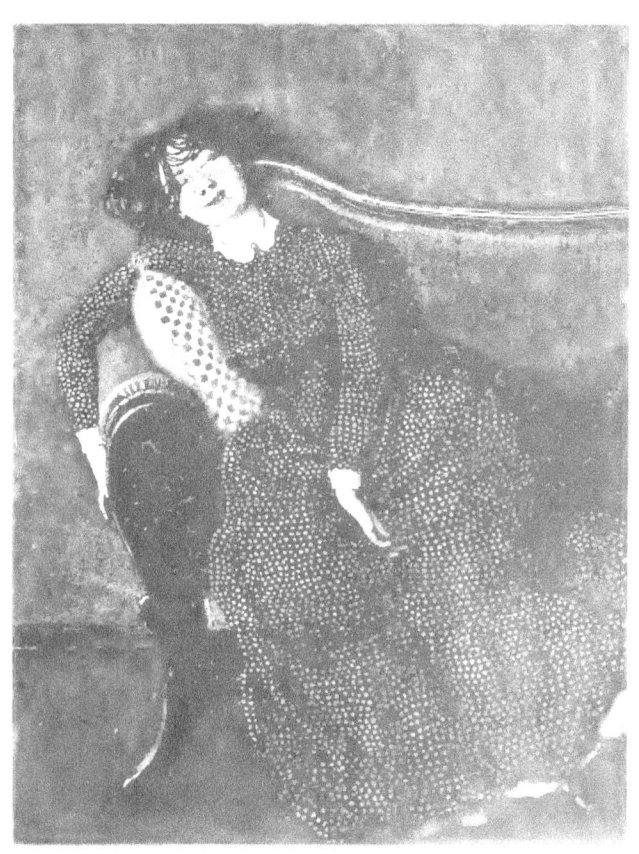

32
Schlafendes Mädchen

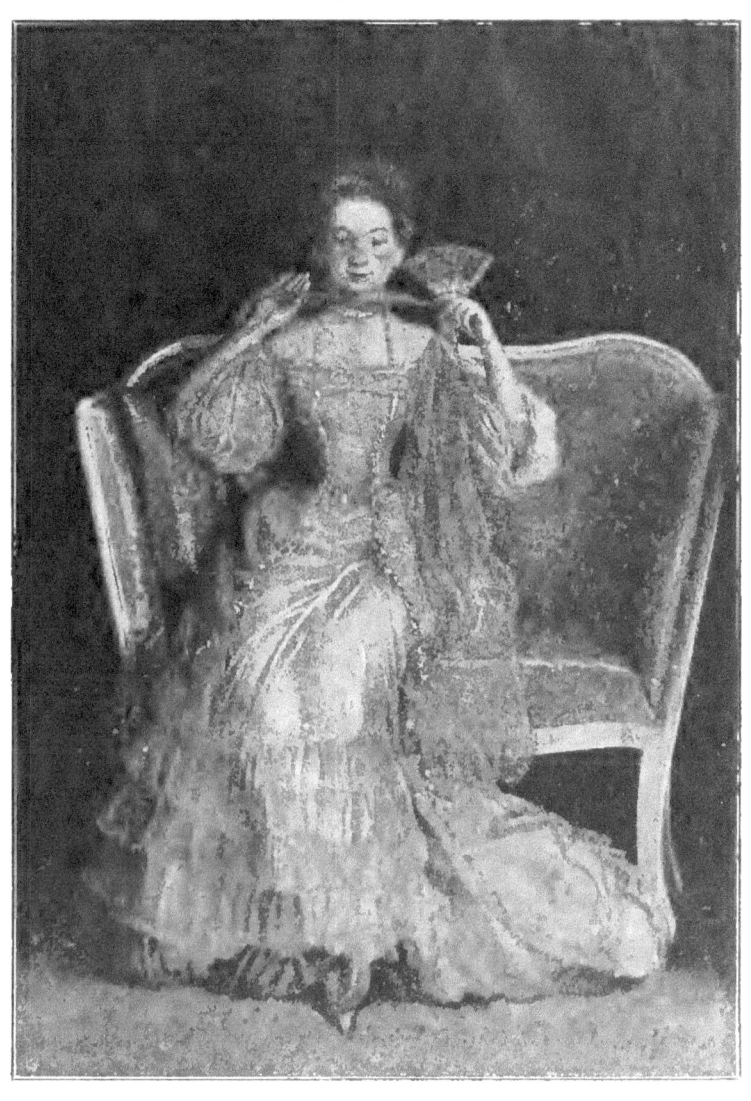

33
Dame mit Fächer

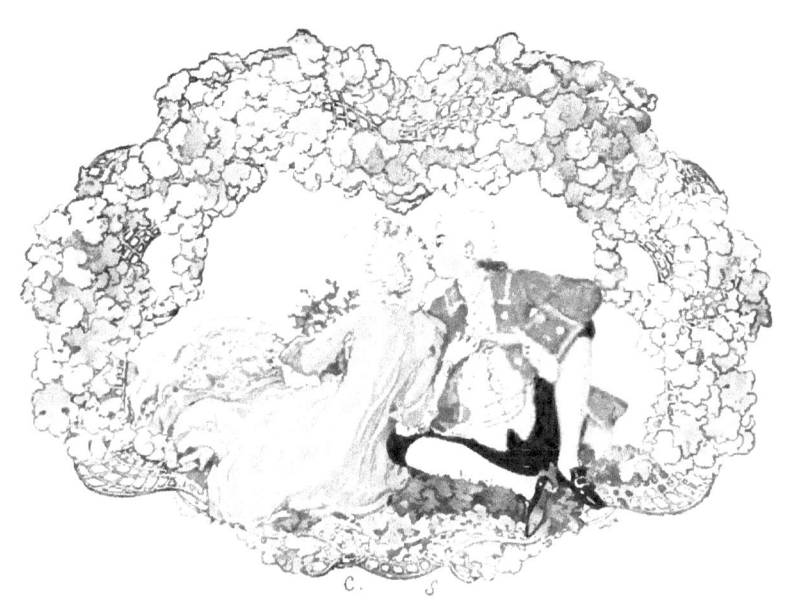

34
Der Kuss (Aquarell)

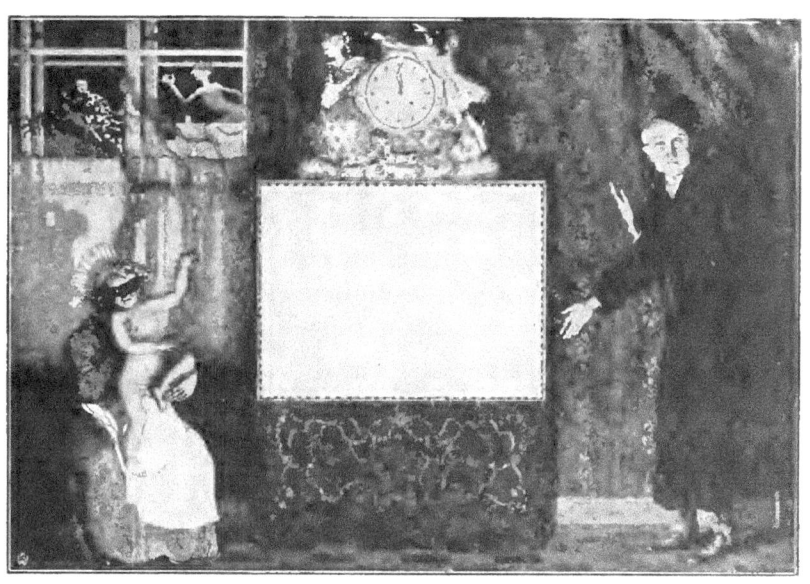

35
Neujahr

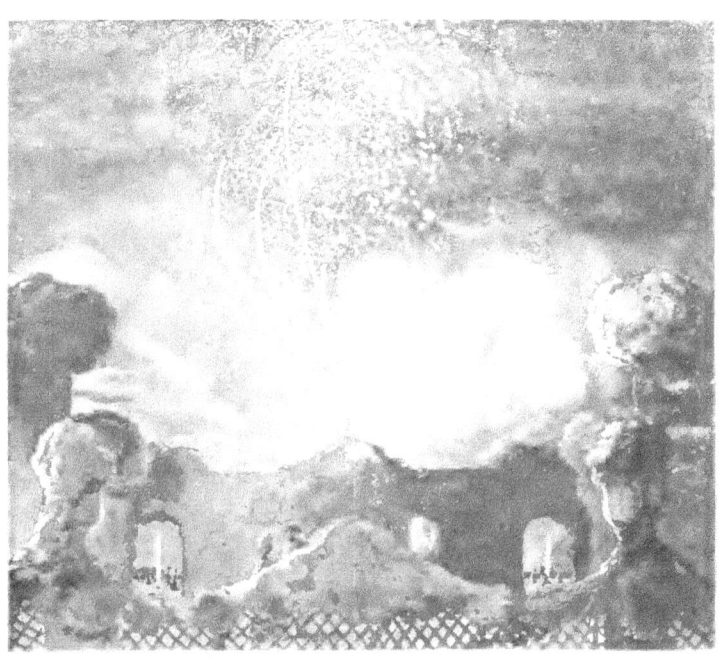

36
Feuerwerk

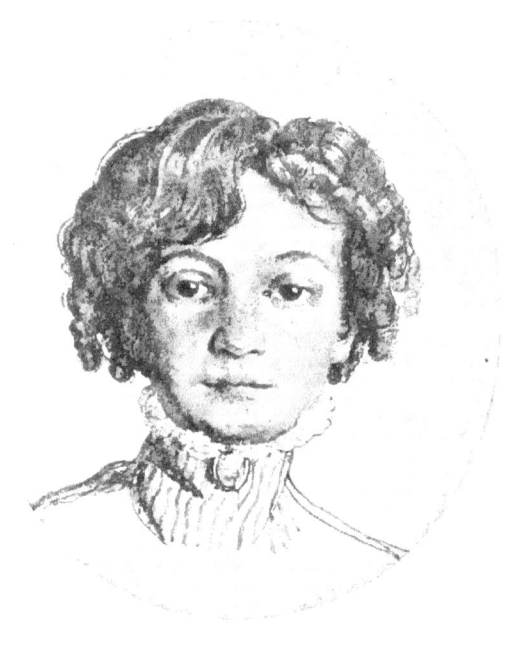

37
Kopf eines Mädchens.

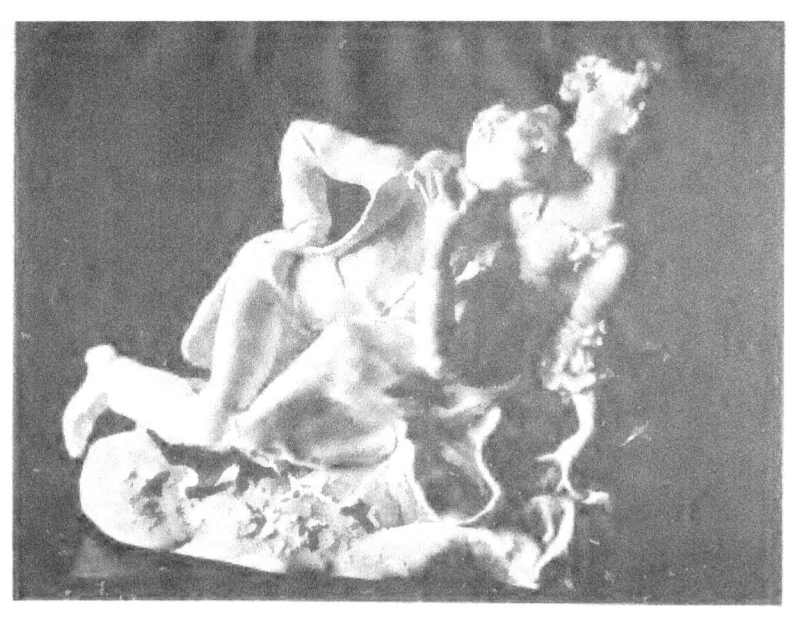
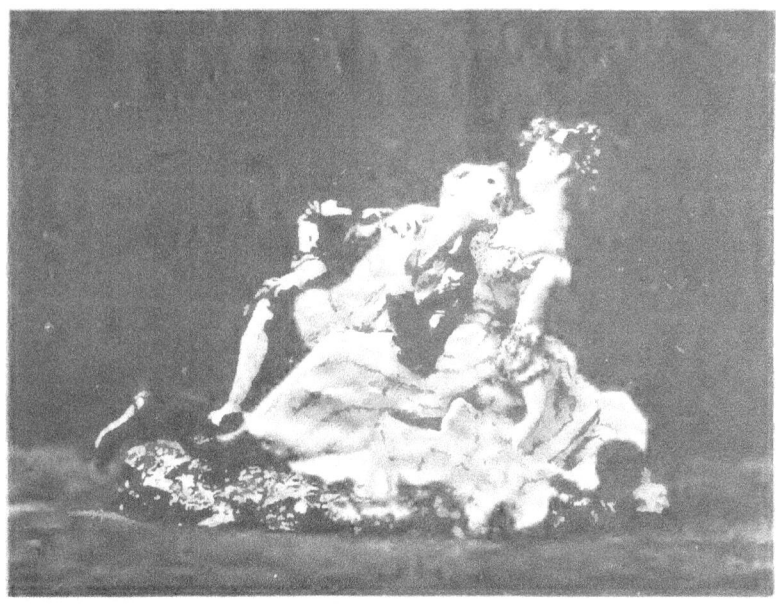

38
Das Liebespaar (Porzellan, weiss und farbig)

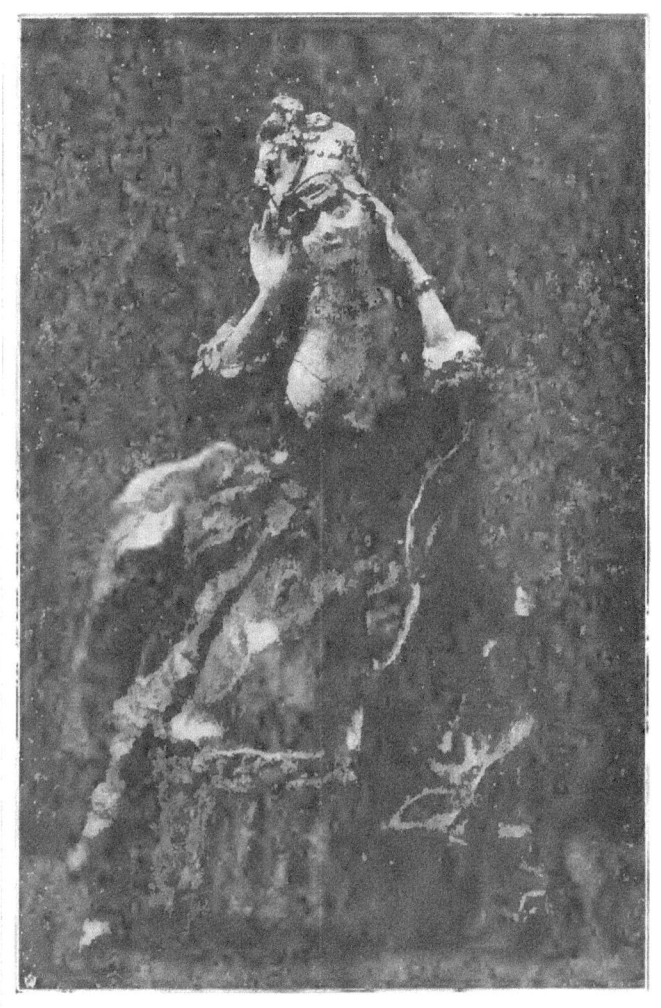

39
Dame mit der Maske (Porzellan)

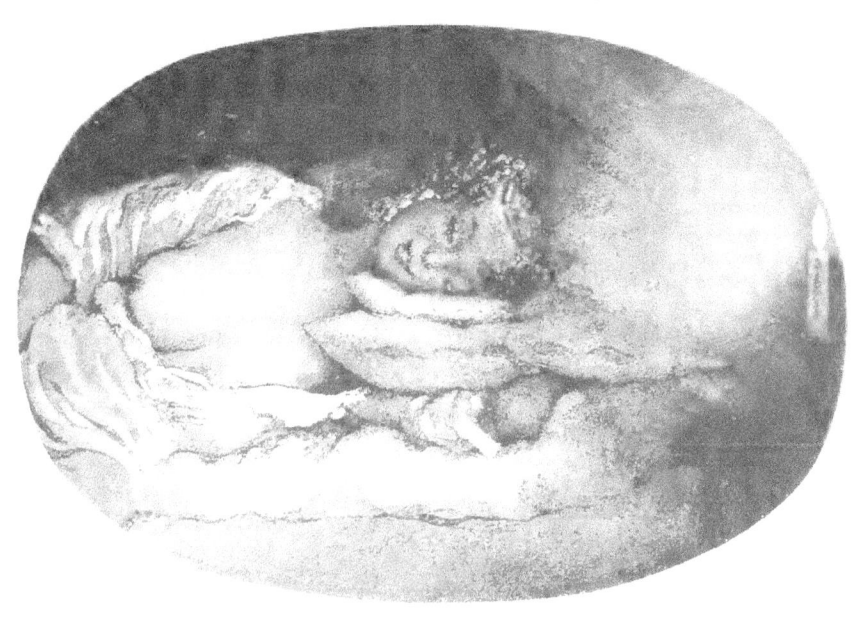

40
Liebestraum

Reprint Publishing

Für Menschen, Die Auf Originale Stehen.

Bei diesem Buch handelt es sich um einen Faksimile-Nachdruck der Originalausgabe. Unter einem Faksimile versteht man die mit einem Original in Größe und Ausführung genau übereinstimmende Nachbildung als fotografische oder gescannte Reproduktion.

Faksimile-Ausgaben eröffnen uns die Möglichkeit, in die Bibliothek der geschichtlichen, kulturellen und wissenschaftlichen Vergangenheit der Menschheit einzutreten und neu zu entdecken.

Die Bücher der Faksimile-Edition können Gebrauchsspuren, Anmerkungen, Marginalien und andere Randbemerkungen aufweisen sowie fehlerhafte Seiten, die im Originalband enthalten sind. Diese Spuren der Vergangenheit verweisen auf die historische Reise, die das Buch zurückgelegt hat.

ISBN 978-3-95940-126-5

Faksimile-Nachdruck der Originalausgabe
Copyright © 2015 Reprint Publishing
Alle Rechte vorbehalten.

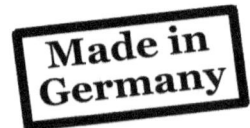

www.reprintpublishing.com

www.ingramcontent.com/pod-product-compliance
Lightning Source LLC
Chambersburg PA
CBHW070250230526
45470CB00002B/551